Carl Stumpf

Die Anfänge der Musik

Europäischer
Musikverlag

Carl Stumpf

Die Anfänge der Musik

ISBN/EAN: 9783956980480

Auflage: 1

Erscheinungsjahr: 2013

Erscheinungsort: Norderstedt, Deutschland

Hergestellt in Europa, USA, Kanada, Australien, Japan
Europäischer Musikverlag in Hansebooks GmbH, Norderstedt

Die
Anfänge der Musik

Von

Carl Stumpf

Mit 6 Figuren, 60 Melodiebeispielen und 11 Abbildungen

Leipzig
Verlag von Johann Ambrosius Barth
1911

Herrn

Dr. Erich M. von Hornbostel

dem Leiter des Berliner Phonogramm-Archivs

in Freundschaft zugeeignet

Vorwort.

Diese Schrift ist aus einem Vortrage in der Berliner Urania hervorgegangen, dessen Text bereits veröffentlicht ist. Er ist hier erweitert, es sind Anmerkungen zur wissenschaftlichen Erläuterung und Begründung einzelner Punkte, ferner zahlreiche zuverlässige Beispiele primitiver Melodien mit technischen Analysen, endlich einige Abbildungen primitiver Instrumente beigefügt.

Es war mir ein Bedürfnis, die Früchte ethnologischer Musikstudien, die mich seit Dezennien immer wieder, in steigendem Maße seit dem Aufkommen des Phonographen, beschäftigt hatten, einmal für weitere Kreise wie für Fachleute zusammenzufassen. Aber es wäre mir nicht möglich gewesen ohne die Hilfe meiner jungen Mitarbeiter aus dem Berliner Phonogramm-Archiv und in erster Linie dessen, dem die Schrift gewidmet ist. Keine Zeile, die nicht mit ihm besprochen, keine Melodie, die nicht Note für Note von ihm nachgeprüft wäre. Ich kann dem Büchlein nur den Wunsch mitgeben, daß es bald durch ein umfassendes Werk aus seiner Hand ersetzt werde.

Außer ihm habe ich aber auch Herrn Dr. Erich Fischer für seine Mitwirkung bei der mühsamen Transskription mehrerer noch unveröffentlichter phonographischer Aufnahmen besten Dank zu sagen.

Berlin, im April 1911.   C. Stumpf.

Inhalt.

	Seite
Erster Teil. Ursprung und Urformen des Musizierens	7
Einleitung	7
I. Neuere Theorien	8
II. Ursprung und Urformen des Gesanges	22
III. Primitive Instrumente und ihr Einfluß	34
IV. Mehrstimmigkeit, Rhythmik, Sprachgesang	41
V. Entwicklungsrichtungen	52
Anmerkungen	61
Zweiter Teil. Gesänge der Naturvölker	102
Abbildungen primitiver Instrumente	197

Erster Teil.
Ursprung und Urformen des Musizierens.

Im Laufe langer Jahrtausende hat das Menschengeschlecht in Sprache, Wissenschaft, Kunst, ethischer, sozialer und technischer Betätigung Entwicklungen hervorgebracht, die uns immer wieder vor die Frage stellen, aus welchen Anfängen alle diese Herrlichkeiten entsprungen sind, und welcher göttliche Funke zuerst unscheinbar aufglühend, allmählich diese Lichtfülle entzündet hat. Ohne nun tiefer in die Abgründe der menschlichen Natur oder gar in metaphysische Geheimnisse dringen zu wollen, möchte ich hier nur versuchen, mit Hilfe der Erfahrungen und Kenntnisse, die uns die heutige Völkerkunde, die vergleichende Musikwissenschaft und die experimentelle Psychologie darbieten, der Frage nach den Ursprüngen und ersten Erscheinungsformen der Musik näherzutreten.

Immer wird es sich dabei um Hypothesen handeln. Aber zur Aufstellung glaubwürdiger Hypothesen sind wir Heutigen doch besser ausgerüstet als unsere Vorgänger. Während noch 1886 Virchow in der Berliner Anthropologischen Gesellschaft den Mangel aller Teilnahme für die Urgeschichte der Musik als die einzige vollständige Lücke in ihren Bestrebungen beklagte — eine Teilnahmlosigkeit, die durch die Spärlichkeit des zuverlässigen Materials entschuldigt war —, konnte 1903 Waldeyer in demselben Kreise die durch das neue Hilfsmittel des Phonographen und durch Messungen an exotischen Instrumenten ermöglichten Forschungen als ein Gebiet von ungeahnter Ausdehnung und Bedeutung charakterisieren. Allerdings ist es dringend an der Zeit, das Inventar alles noch aus ursprünglicheren Zuständen Vorhandenen aufzunehmen, da durch die Modernisierung der Naturvölker und das Aussterben vieler Stämme in kurzer Frist die Gelegenheit auf immer verpaßt sein wird, wenn nicht für eine systematische Sammlung und Aufbewahrung der Dokumente gesorgt wird, aus denen wir uns ein Bild grauer Vorzeit machen können. Aber schon das vorliegende Material läßt die Umrisse primitiver Musikübung weit deutlicher als früher erkennen[1].

I.

Neuere Theorien.

Vergegenwärtigen wir uns zuerst kurz mit einigen kritischen Bemerkungen die Hypothesen, die in neuerer Zeit über den Ursprung der Musik aufgestellt worden sind[2].

1. Für die Darwinsche Lehre, wonach alle Vervollkommnung im wesentlichen aus der natürlichen Auslese oder dem Überleben des besser Angepaßten

begriffen werden muß, bildet die Tonkunst zunächst eine seltsame Anomalie. Sancta Cäcilia blickt zum Himmel — was hilft sie uns im Kampf ums Dasein? Ihre Nachfolger verdienen ja zuweilen reichlich Geld und helfen sich mit wohlausgebildeten Klaviermuskeln vorwärts, aber für die Mehrzahl der Menschen hängt das undefinierbare gegenstandlose Luftgebilde, das wir Musik nennen, mit den realen Nützlichkeiten und Bedürfnissen des Alltagslebens nicht zusammen.

Dennoch wußte Darwin Rat. Seine Lösung kann man in die Worte fassen: „Im Anfang war die Liebe." Freilich nicht die himmlische, sondern die irdische, die Geschlechtsliebe. Die Männchen bestrebten sich, den Weibchen zu gefallen, und die Weibchen wählten die aus, die die größten Vorzüge aufwiesen. Wie die schönsten an Gestalt und Farbe, so wurden auch die besten Sänger oder Brüller von alters her vorgezogen. Bei den Tieren finden wir darum vorzugsweise das männliche Geschlecht farbenprächtig und sangeslustig. Produktive Künstler waren zunächst nur die Männchen, aber die Weibchen brachten den kritischen Geschmack hinzu. Bei den Menschen singen und spielen heutzutage beide Geschlechter, das weibliche fast mehr als das männliche; aber produktiver sind in der Musik unstreitig immer noch die Männer, und: „Süße Liebe denkt in Tönen" — das gilt heute wie in alter Zeit.

Geht man nun freilich ins einzelne, so entstehen große Schwierigkeiten. Ich will nicht dabei verweilen, daß Vögel vielfach auch außer der Zeit der Liebeswerbung singen, daß ihre Rufe auch Signale zu anderen Zwecken oder bloße Äußerungen eines allgemeinen Lebensgefühls sein mögen, daß die dem Menschen näher stehenden Tiere nicht singen, sondern nur rauhe Schreilaute von sich geben, daß endlich die Gesänge der Naturvölker nicht gerade vorwiegend Liebeslieder, sondern in größerer Anzahl kriegerische, ärztliche, religiöse Gesänge sind. Ich will nur einen, aber entscheidenden Punkt etwas näher beleuchten.

Wir nennen Musik nicht das Hervorbringen von Tönen überhaupt, sondern von gewissen Anordnungen der Töne, seien sie noch so einfach. Und dabei ist es für die Musik im menschlichen Sinne ein ganz wesentliches Merkmal, daß diese Anordnungen unabhängig von der absoluten Tonhöhe wiedererkannt und wiedererzeugt werden können. Eine Melodie bleibt die nämliche, mag sie vom Baß oder vom Sopran, mag sie in C oder in E gesungen werden. Diese Fähigkeit des Wiedererkennens und des Transponierens von Melodien finden wir unter den Naturvölkern, soweit unsere Kenntnisse reichen, allgemein. Einem Indianer oder Südsee-Insulaner macht es nichts aus, sein Lied etwas höher oder tiefer anzufangen; solange es für seine Stimmlage bequem ist, trifft er die Intervalle ebenso. Zum Zweck phonographischer Aufnahmen wird von den Forschungsreisenden vorschriftsmäßig der Ton eines Stimmpfeifchens in den Aufnahmetrichter geblasen, um später danach die ursprüngliche Geschwindigkeit der Walze, also die Tonhöhe und das Tempo des Gesanges, wiederherstellen zu können. Dabei wurde beobachtet, daß die Eingeborenen sich bei der Intonation ihres Liedes häufig nach der Höhe des Pfeifchentones richteten.

Wie verhält es sich nun damit bei den Tieren? Es ist meines Wissens bisher nicht beobachtet, daß ein Gimpel oder Star, dem man ein bestimmtes melodisches Motiv, sagen wir „Morgen muß ich fort von hier" oder „Dein ist mein Herz", beigebracht hat, diese Erklärungen einmal in seinen vielen Mußestunden in einer anderen Tonart, sei es auch nur einen Ganzton höher oder tiefer, wiederholt hätte, obgleich seine Stimmittel ihm dies erlauben würden. Dr. Abraham hat jahrelang mit einem Papagei darauf zielende Versuche angestellt, ohne anderen Erfolg. Ich will nicht behaupten, daß nicht kleine Veränderungen in der Höhe eines Vogelrufes oder des Kuhgebrülles bei dem nämlichen Individuum vorkämen, im Gegenteil ist es von vornherein klar, daß mathematisch gleiche Intonation nur der Grenzfall ist, die Regel hingegen Abweichungen sein werden, die sich innerhalb gewisser Grenzen um einen Mittelpunkt herum bewegen. Allein diese zufälligen Schwankungen, namentlich infolge verschiedener Exspirationsstärke, die wieder mit dem augenblicklichen Körpergefühl und Befinden zusammenhängen mag, dürfen nicht mit eigentlicher Transposition verwechselt werden.

Soweit man aus der erwähnten Tatsache schließen kann, dürfte auch das Lustgefühl der Vögel, soweit es an die Töne selbst geknüpft ist (denn die Muskelempfindungen tragen wohl auch dazu bei), wesentlich verschieden sein von dem der Menschen beim Anhören der menschlichen wie der Vogelmusik. Das tierische Lustgefühl scheint eben durchaus abhängig zu sein von dieser speziellen Aufeinanderfolge absoluter Tonhöhen, deren geringe Verschiebungen den Sängern selbst entgehen mögen; das menschliche ist in erster Linie bestimmt durch die Tonverhältnisse, wobei gewaltige Verschiebungen der absoluten Tonhöhen nicht bloß vorkommen, sondern den Sängern und Hörern ganz klar zum Bewußtsein kommen können, ohne daß die Melodie unkenntlich oder ungenießbar würde[3]. Wir sagen: In erster Linie. Daß die absolute Tonhöhe starke Unterschiede bewirken kann, soll nicht geleugnet werden. Bei den Chinesen spielt sie eine bedeutende Rolle[4]. Bei uns selbst wäre die „Charakteristik der Tonarten" und die Abneigung Feinfühliger gegen die Transposition eines für eine bestimmte

Tonart geschriebenen Liedes heranzuziehen. Aber das Stück bleibt uns doch immer ebenso verständlich und wird als dasselbe ohne weiteres wiedererkannt. Die Möglichkeit der Übertragung zu bestreiten, wird niemand einfallen; nur der Ausdruck und die Wirkung scheinen uns nicht unabhängig von der absoluten Höhe.

Das ist der springende Punkt, und diesen Punkt hat Darwins umfassender Forscherblick nicht beachtet, wie er überhaupt von Zoologen merkwürdigerweise allgemein als quantité négligeable behandelt wird[5].

Es ist mit der Musik ähnlich wie mit der Sprache. Auch die Tiere haben eine Sprache. Aber Sprache in unserem Sinne beginnt erst da, wo die Laute als Zeichen allgemeiner Begriffe gebraucht werden, eine Anwendung, die bei den Tieren ebensowenig nachgewiesen ist, wie der Gebrauch transponierter Intervalle. Was wir von den tierischen Vorfahren in beiden Beziehungen ererbt haben, das ist nur der Kehlkopf und das Ohr.

So wenigstens steht die Frage gegenwärtig. Sollten irgendwelche in dieser Hinsicht noch ungeprüfte menschliche Stämme sich zu melodischer Transposition ganz unfähig finden, so würden wir eben auch ihnen Musik im engeren Sinn absprechen. Sollte umgekehrt sich bei talentvollen Tieren doch einmal diese Fähigkeit konstatieren oder künstlich anerziehen lassen, so würden wir sie sofort als unsere rechten Brüder in Apoll in Anspruch nehmen. Aber augenblicklich ist keines von beiden der Fall, und besonders geringe Aussicht bieten gerade unsere nächsten körperlichen Verwandten, die Säugetiere.

Wenn die Musik überhaupt aus dem Tierreiche hergeleitet werden soll, würde die Idee des alten Demokrit fast mehr für sich haben, wie die Darwins: daß man nämlich durch Nachahmung der Vögel darauf gekommen sei[6]. Dann hätte freilich die Deszendenz nichts damit zu tun. Man findet tatsächlich bei Naturvölkern solche Vogelnachahmungen. Die Berliner Phonogrammsammlung besitzt dafür Belegstücke. Aber die einzige oder auch nur die Hauptquelle der Musik kann auch darin nicht liegen. Die uns vorliegenden Proben betreffen keineswegs Vogelweisen von besonders melodischer, musikalischer Art. Es ist mehr das Rhythmische und das Trillern und Schnalzen, was den Naturmenschen zur Nachahmung reizt. Sollten aber in der Urzeit mehr melodische Weisen nachgeahmt sein, so würde es sich sofort fragen: wie kam man zu dieser Auswahl, warum zog man melodische mit bestimmten Intervallen vor? Die Frage ist also nur zurückgeschoben.

2. Eine andere moderne Hypothese, die man schon bei Rousseau, Herder u. a. findet, hat ohne Kenntnis seiner Vorgänger Herbert Spencer aufgestellt. Man kann sie in die Formel fassen: „Im Anfange war das Wort." Sie lehrt Entstehung der

Musik aus den Akzenten und Tonfällen der menschlichen Sprache. Beim erregten Sprechen, unter dem Einfluß starker Gemütsbewegungen, treten diese tonalen Eigenschaften deutlicher hervor. Wenn wir jemand rufen und, falls er nicht kommt, zum zweiten und dritten Male rufen, oder wenn wir mit steigendem Affekt bitten oder befehlen, wenn wir in Worten jubeln oder trauern: immer wird nach Spencer die Sprache musikalisch, man beginnt schon zu singen. Diese Tonbewegungen des erregten Sprechens wurden später ganz von den Worten abgelöst und auf Instrumente übertragen, und so ist die absolute Musik entstanden.

Es liegt hierin viel Wahres, auf das wir später zurückkommen werden: der „Sprachgesang" bildet bei den Naturvölkern eine sehr verbreitete Rezitierungsform. Aber am eigentlichen Zentrum der Sache schießt auch Spencer vorbei. Denn Musik unterscheidet sich vom singenden Sprechen durchaus wesentlich dadurch, daß sie feste Stufen gebraucht, während das Sprechen zwar Höhenunterschiede von wechselnder Größe, aber keine festen Intervalle kennt, vielfach sogar in Form einer stetig gleitenden Tonbewegung erfolgt. Ihre unendliche Ausdrucksfähigkeit erlangt die menschliche Sprache gerade durch diese in der Musik gar nicht wiederzugebenden kleinsten Nüancen und stetigen Übergänge. E. W. Scripture hat durch Vergrößerung und genaue Analyse der Kurven, die ein gesprochener Satz auf dem Grammophon gibt, nachgewiesen (was übrigens einem feineren Ohr auch nicht verborgen bleibt), daß oft schon auf einer einzigen Silbe ein beträchtliches Schwanken der Tonhöhe stattindet, das musikalisch ein grober Fehler sein würde[7].

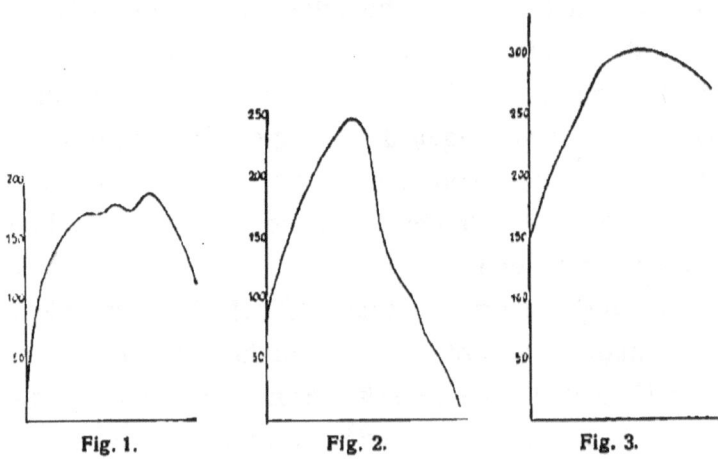

Fig. 1. Fig. 2. Fig. 3.

Bei jeder dieser drei Tonkurven wurde nur die Interjektion „O!" ausgesprochen, das erstemal kummervoll, das zweitemal bewundernd, das drittemal fragend. Hierbei geht die Stimme, die in verschiedener absoluter Höhe einsetzt, das erstemal um eine Doppeloktave, das zweitemal um eine Duodezime, das drittemal um eine Oktave (natürlich immer nur ungefähr) in die Höhe, um dann wieder zu sinken. Bei weniger gefühlvollem Sprechen ist diese stetige Tonbewegung geringer, erreicht aber immer noch auf einem einzigen Vokal oder Diphthong etwa den Umfang einer Quarte, wie folgende von Dr. Effenberger nach Scripture's Methode untersuchten Beispiele zweier Individuen zeigen, die die Verse „I remember, I remember the house, were I was born" zu sprechen hatten[8].

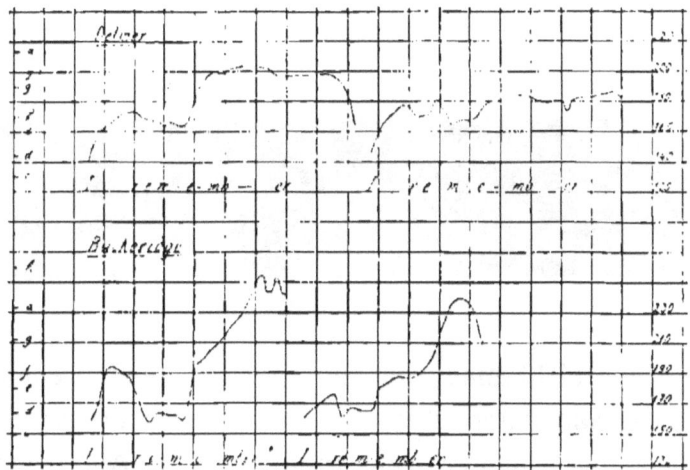

Fig. 4 und 5.

Das Zeichen für den altgriechischen Zirkumflex (Perispomenon) bedeutete bekanntlich ein solches Steigen und Fallen der Stimme auf einem Vokal oder Diphthong. Seine ursprüngliche Form ∧, analog den Kurven Scripture's, veranschaulichte diese Stimmbewegung. Und zwar gibt Dionys von Halikarnaß den Umfang einer Quarte dafür an[9]. Bei Schauspielern wird man allerdings öfters auch eine ganz unveränderte Tonhöhe auf einer Silbe, ja auf ganzen Sätzen beobachten, wenn ein besonderer Effekt beabsichtigt ist. Daß z. B. das bedeutsame englische „I", dessen Bewegung wir eben verfolgten, von einem Kunstsprecher so gehalten werden kann, scheint der Verlauf der Grammophonkurven des Schauspielers Jefferson beim „I" des Satzes „I, said the owl" zu beweisen[10]:

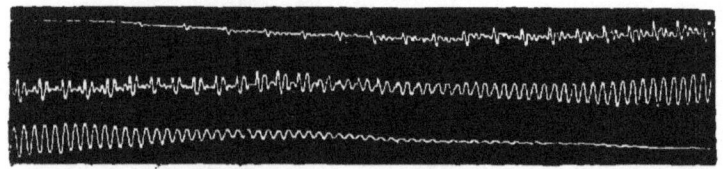

Fig. 6.

Hier sieht man die einzelnen Original-Wellenlinien, aus deren Messung dann Höhenkurven wie die vorhergehenden gewonnen werden. Auch hier erleiden zwar die Tonwellen in der kurzen Zeit starke Veränderungen. Aber diese Veränderungen betreffen vom zweiten Drittel an nur die Wellenform, d. h. die Klangfarbe, nicht die Wellenlänge. Wenn man die Abstände der aufeinanderfolgenden Maxima mißt, findet man eine erhebliche (und zwar stetige) Abnahme, also Tonerhöhung, nur im ersten Drittel des ganzen Verlaufes. Von da ab haben wir hier schon ein singendes Sprechen, ohne stetig gleitende Tonbewegung. Ausnahmsweise, zu besonderen

Wirkungen, ist es zulässig und nützlich, im allgemeinen aber wirkt es nicht erfreulich. Besonders unerfreulich, wenn nicht bloß einzelne betonte und lange Silben in konstanter Höhe gehalten, sondern auch in der Aufeinanderfolge der Tonhöhen öfters feste musikalische Intervalle gebraucht werden, ohne daß doch wirklich gesungen würde. Das für manche Menschen gewohnheitsmäßige, in gewissen Gegenden auch landesübliche singende Sprechen ist gerade darum unschön, weil es sich den festen Intervallen der Musik nähert und dadurch den Vorzug der Sprache aufgibt, ohne den der Musik zu gewinnen.

Wenn man die Tonbewegung eines guten Sängers genau untersucht, findet man freilich auch kein ideales Festhalten der Tonhöhe, vielmehr oft auf einer Note ein bedenkliches Schwanken und beim Intonieren eines Intervalls zahlreiche Abweichungen, manchmal beabsichtigte, meistens unbeabsichtigte [11]. Auch ein umfangreicheres Gleiten der Stimme (Portament) wird bekanntlich hie und da beliebt. Bei den Naturvölkern finden sich solche gleitende Bewegungen häufiger, und zwar offenbar mit Absicht an bestimmten Stellen und zu bestimmten Wirkungen gebraucht [12]. Dennoch ist kein Zweifel: das Gesetz und der Geist der Tonkunst verlangen prinzipiell feste Tonhöhen und Intervalle, und auf ihre Erzeugung ist die Intention des Sängers und Spielers, abgesehen von Ausnahmefällen, gerichtet. Bei der

Sprache dagegen liegt eine solche Intention im allgemeinen **nicht** vor und **darf** nicht vorliegen, wenn sie nicht ihr Bestes opfern will.

Die ausgezeichnete Stellung der festen, reinen Tonverhältnisse 1:2, 2:3 usf. muß daher einen anderen als bloß sprachlichen Ursprung haben. Sollte die Sprache bei der Geburt der Musik oder bei ihrer Aufziehung irgendwie mitgeholfen haben: die Mutter war sie jedenfalls nicht. Das, was Musik grundwesentlich von der Sprache unterscheidet, kann nicht aus der Sprache gewonnen sein[13].

3. Einer dritten Anschauung kann man Hans v. Bülows Wort zugrunde legen: „Im Anfange war der **Rhythmus**", nämlich die rhythmisch geordnete Bewegung.

Die Verbindung von Tanz und Gesang bei Naturvölkern ist oft betont worden. Der Musikforscher Wallaschek hat speziell in dem Singen bei Kriegs- und Jagdtänzen und in der Notwendigkeit rhythmischer Formen für das Zusammensingen vieler den Ursprung der Musik gefunden. Dann ist der Leipziger Nationalökonom Karl Bücher in seinem interessanten und stoffreichen Buche „Arbeit und Rhythmus" von ganz anderem Standpunkte darauf gekommen. Die geordnete Bewegung, die für ihn den Ursprung aller Künste bildet, ist keine andere als die der körperlichen Arbeit, namentlich der gemeinsamen Arbeit. Zahlreiche Verrichtungen, die zum täglichen Leben, zur Gewinnung der Lebensmittel, zum Bauen, Rudern, Hämmern usw. erforderlich sind, werden besser vollzogen, wenn sie rhythmisch erfolgen. Dies führt auf die Begleitung der Arbeit durch allerlei Verse, die Bücher in großer Anzahl gesammelt hat, und nicht minder durch Trommeln und durch Singen. Poesie und Musik entstehen so gemeinschaftlich aus dem Bedürfnis des Rhythmus, und dieser selbst ist eine natürliche Folge der Erleichterung, die er bei der Arbeit schafft, und der Bewegungen, in denen die Arbeit sich vollzieht, des Stampfens, Schlagens, Hebens usw.

Auch die Rhythmustheorie aber, sonst so einleuchtend, löst uns nicht das Hauptproblem. Sie macht wohl Anlässe und Motive namhaft, die zum Singen führen konnten, aber die Erklärung versagt wieder gerade da, wo das spezifisch Unterscheidende der Musik beginnt, nämlich bei der Frage, wie die Menschen dazu kamen, die Linie der Töne, die an und für sich durchaus stetig ist, in bestimmte Intervalle zu gliedern. Den Rhythmus konnten sie durch abgehackte unartikulierte Laute oder Geräusche ebenso gut und besser ausdrücken. Die Verstärkung der betonten Silbe führte zwar naturgemäß zu einer Tonerhöhung für diese Silbe und so zu Unterschieden der Intonation; aber die konsonanten Intervalle, auf deren Ursprung es vorzugsweise ankommt, zeichnen sich in dieser Hinsicht, nach ihrer Eignung für rhythmische Zwecke, nicht im mindesten vor beliebigen anderen Schwingungsverhältnissen aus. Nach der instrumentalen Seite hätte die Ausbildung der Rhythmuskunst nur zum Trommeln geführt. Aber eine noch so fein differenzierte Trommelsonate ist noch nicht Musik, wenigstens nicht die Musik, deren Ursprung wir suchen. Schließlich gibt es einen Rhythmus ja nicht nur für das Gehör, sondern auch für das Muskelgefühl für sich allein; und wenn die ganze Menschheit ewig taub geblieben wäre, hätte sie recht wohl eine Tanzkunst ausbilden können, aber nicht eine Musik. Die Urkeime der musikalischen Leiterbildungen müssen selbständig entstanden sein, dann erst konnte das melodische mit dem rhythmischen Bedürfnis (das immerhin früher dagewesen sein mag) zusammenwirken.

Ein anderes Bedenken scheint mir daraus zu entspringen, daß unter den unendlich zahlreichen Gesängen der Naturvölker Arbeitsgesänge zwar vorkommen (z. B. Bootsgesänge bei den Indianern oder den Südseeinsulanern, Marschlieder in Afrika), aber einen äußerst geringen Bruchteil ausmachen. Man vergleiche nur die Melodien unserer Notenbeilage: sie sind nicht mit Rücksicht auf den Gegenstand oder Anlaß sondern auf den musikalischen Bau der Lieder ausgewählt, es findet sich darunter aber nicht ein einziger Arbeitsgesang, es sei denn, daß man (mit Bücher) Gesänge der Priester und Medizinmänner darunter rechne, was mir doch zu modern gedacht scheint. Regelrecht rhythmisches und namentlich gemeinschaftliches Arbeiten stellt sich eben erst bei nicht mehr ganz primitiven Völkern ein. Da mehren sich in der Tat die Arbeitsgesänge, und von solchen Völkern stammen auch die meisten, die Bücher gesammelt hat.

So gibt denn keine der überkommenen Theorien eine genügende Antwort auf die gestellte Frage.

II.
Ursprung und Urformen des Gesanges.

Verstehen wir nunmehr Musik als die Kunst, deren Material wesentlich aus festen und transponierbaren Tonschritten besteht, und suchen wir uns den Ursprung dieser Kunst begreiflich zu machen, so müssen wir zwei Fragen auseinander halten:

Wie ist überhaupt die Fähigkeit entstanden, Verhältnisse von Sinnesempfindungen unabhängig von der besonderen Beschaffenheit dieser Empfindungen wiederzuerkennen? und:

Wie kam man zu diesen bestimmten Intervallen, die wir in der Musik der verschiedenen Völker und Zeiten tatsächlich finden?

Die erste Frage betrifft die Fähigkeit der Abstraktion, die auch anderen Sinneseindrücken gegenüber geübt wird, etwa wenn wir ein Ornament oder Bildnis in der Verkleinerung wiedererkennen. Diese allgemeine Frage scheint mit der Definition des ganzen menschlichen Seelenlebens, mit seiner Abgrenzung gegen das tierische zusammenzuhängen. Wie weit sind Tiere überhaupt imstande, gleiche Verhältnisse an ungleichem Material zu erkennen und hervorzubringen? Wie weit können sie z. B. beim Erkennen von Personen, Gegenständen, Örtlichkeiten von der Verschiedenheit der Färbung und Beleuchtung, der augenblicklichen Erscheinungsgröße usf. abstrahieren? Gewiß dürfen wir nicht von vornherein sagen, daß ihnen dies unmöglich sei. Aber andrerseits beweist die gleichförmige Reaktion, wenn z. B. ein Hund den Herrn in verschiedenen Entfernungen oder bei verschiedener Beleuchtung erkennt, nicht ohne weiteres, daß es dem Tiere gelungen ist, die Gestalt aus den veränderlichen Umständen in Gedanken herauszuschälen. Auch wenn nicht der Geruch oder die Stimme des Herrn mitwirken, wenn ausschließlich visuelle Anhaltspunkte die Bewegung auslösen, kann man aus der Tatsache zunächst doch nur schließen, daß das Sinnesorgan und das Nervensystem sich an gewisse Reize derart gewöhnt hat, daß diese auch unter merklich veränderten Umständen noch ihre Wirkung tun. Es geht freilich auch beim Menschen in vielen Fällen nicht anders zu, wenn er in gleicher Weise auf merklich abweichende Eindrücke reagiert. Aber im entwickelten Seelenleben kommt daneben doch auch jenes Wiedererkennen im eigentlicheren

Sinne vor, das nicht blos gleiche Reaktion, sondern auch Erkennen der Gleichheit oder Identität bedeutet.

Wie das nun immer bei den Tieren sich verhalten möge: bei den Naturvölkern ist diese Fähigkeit der Abstraktion schon in hohem Maße entwickelt, und beim Urmenschen müssen wir sie in gewissem Grade voraussetzen, wenn wir nicht vollständig auf ein Begreifen der Entwicklung verzichten wollen. Denn hier liegt eine der Wurzeln aller menschlichen Fortschritte. Eine andere, nahe damit zusammenhängende, liegt in der Generalisation, der Bildung von Begriffen. Beide zusammen legen den Grund des geistigen Lebens, auch nach der Gefühls- und Willensseite. Dies ist jener göttlicher Funke, von dem wir zu Anfang gesprochen. Wie er in die Seele gekommen und wie sein erstes Aufglühen in den Rahmen der Entwicklungslehre sich einfügt, darüber wird man an dieser Stelle keine Untersuchung, keine Aufklärung erwarten. Wir setzen das Vorhandensein der Abstraktionsfähigkeit beim Urmenschen voraus und stellen nur die konkrete Frage, wie man zuerst dazu gekommen sein mag, bestimmte zur Transposition geeignete Tonschritte von den anderen abzusondern.

Auch hierin liegen noch zwei Unterfragen: Welches war der Anlaß? und: Wodurch eignen sie sich zur Transposition? Die erste können wir nur hypothetisch, die zweite aber mit Sicherheit beantworten.

Der Hypothese mögen wir den viel ausgesprochenen Gedanken zugrunde legen, der auch Bücher leitete, daß alle Künste aus der Praxis des Lebens geboren sind. Die Formel von Goethes Faust sei die unsrige: „Im Anfang war die Tat." Aber welche Tat und welches praktische Bedürfnis war der Anfang der Musik? Möglicherweise waren mehrere verschiedene Anlässe beteiligt. Doch möchte ich es als eine nicht unwahrscheinliche Vermutung hinstellen, daß das Bedürfnis akustischer Zeichengebung im Spiele war. Wir wollen dabei zunächst nur die menschliche Stimme als Tonwerkzeug voraussetzen.

Versucht man auf größere Entfernung hin jemand durch die Stimme ein Zeichen zu geben, so verweilt die Stimme mit großer Stärke fest auf einem hohen Tone, wie er naturgemäß eben durch die stärkste Anspannung der Stimmlippen hervorgebracht wird, während sie am Schlusse mit nachlassender Lungenkraft heruntergeht; wie wir an den Juchzern beobachten, die sich die Sennen im Gebirge gegenseitig zurufen. Dieses Verweilen auf einem festen Ton ist, meine ich, der erste Schritt zum Gesang, es zieht die Grenzlinie gegen das bloße Sprechen.

Der zweite Schritt und der eigentliche Schöpfungsakt für die Musik ist dann der Gebrauch eines festen und transponierbaren Intervalls, und auch dazu konnten akustische Signale hinführen. Wenn nämlich die Stimme eines einzelnen nicht ausreicht, werden mehrere zusammen rufen. Sind es Männer und Knaben oder Männer und Weiber, so werden sie Töne ungleicher Höhe erzeugen, weil jeder die höchste Tonstärke nur innerhalb seiner Stimmregion erreicht. So mochten zahllose Mehrklänge zufällig entstehen.

Unter allen Kombinationen hat aber eine die Eigenschaft, daß der Zusammenklang dem Eindruck eines einzelnen Tones zum Verwechseln ähnlich ist: die Oktave. Man nennt daher das Zusammensingen von Männern und Frauen in Oktaven immer noch einstimmigen Gesang, obgleich es, wenn auf die Verschiedenheit der Höhe allein geachtet wird, schon Mehrstimmigkeit heißen müßte. In der psychologischen Akustik kennen wir diese Eigenschaft der Oktave unter dem Namen der Verschmelzung, und schon griechische Musiktheoretiker haben darin das Wesen der „Konsonanz" gefunden. Diese Einheitlichkeit des Zusammenklanges ist der Oktave nicht etwa erst durch die Musik selbst zugewachsen. Sie ist nicht eine Folge der musikalischen Entwicklung, sondern eine durch die Natur der Töne oder der ihnen zugrundeliegenden Gehirnprozesse notwendig bedingte Erscheinung [14]. Sie ist darum wahrscheinlich auch bei den Tieren vorhanden, nur daß diese darauf nicht aufmerksam wurden und nichts daraus gemacht haben. Die Urmenschen aber mögen diese Einheitlichkeit einmal bemerkt und Zusammenklänge dieser Art dann mit Vorliebe benutzt haben, indem sie den Eindruck hatten, den nämlichen Ton, also einen verstärkten Ton zu singen. (Ob dabei übrigens eine wirkliche Verstärkung oder nur eine größere Fülle des Klanges erzielt wurde, mag hier dahingestellt bleiben.) Wir können heute noch an Unmusikalischen beobachten, daß sie die Oktave für Einen Ton halten. Versuche haben ergeben, daß dies unter 100 Fällen etwa 75 mal geschieht[15]. Also gerade solche, die durch die musikalische Erziehung am wenigsten beeinflußt sind, unterliegen am meisten dieser Täuschung.

Es gibt aber noch andere Zusammenklänge, die dieselbe Eigenschaft in geringerem, doch immer noch beträchtlichem Maße besitzen: vor allem die **Quinte** und die **Quarte**. Bei der Quinte kann man auf 40—60%, bei der Quarte auf 28—36% Fälle rechnen, in denen sie von Ungeübten und Unmusikalischen mit einem einzigen Ton verwechselt werden. So konnten sich auch diese Zusammenklänge dem Gehör allmählich durch ihre einheitliche Wirkung bemerkbar machen. Selbst auf unserer Orgel ist bei gewissen Registern einem jeden Ton die Quinte beigefügt, ohne daß es jemand merkt. Der Klang wird voller, ohne seine Einheitlichkeit einzubüßen.

Daß die Signalgebung der Anlaß oder einer der Anlässe zur Aussonderung bestimmter Intervalle war, ist, wie gesagt, Hypothese. Daß aber die auffallende Verschmelzung der beiden gleichzeitigen Töne gewissen Schwingungsverhältnissen unabhängig von der absoluten Tonhöhe zukommt, sie somit zur Transposition geeignet macht, ist sicher.

Da aus dem Bedürfnis der Zeichengebung auch die Sprache entstanden sein muß (zunächst in Gestalt eng miteinander verknüpfter, durch sich verständlicher Laut- und Gebärdezeichen), so ist durch unsere Hypothese eine gemeinschaftliche Wurzel für Musik und Sprache gesetzt.

Wenn man ferner religiöse Bedürfnisse schon in der Urzeit des Menschengeschlechts wirksam denkt, kann man annehmen, daß außer der Zeichengebung gegenüber Menschen auch die Anrufung der Götter, bzw. der dämonischen Zauberkräfte in Luft und Wasser, zu den Anlässen gemeinschaftlicher stärkster Stimmgebung gehörte. Man kann so auch diese Seite der menschlichen Natur in Beziehung zu den Ursprüngen der Musik setzen.

Nun mochte weiter ein Affekt ins Spiel treten, dem wir in der Urgeschichte der Menschheit auf alle Fälle eine mächtige Rolle zuschreiben müssen, der allerdings auch schon bei den höheren Tieren, namentlich den Affen, deutlich ist: die Neugier. Sie ist neben dem Zufall und der Not die Quelle aller Entdeckungen und Erfindungen, und sie ist die Pflegeamme auch derjenigen, die der Zufall oder die Not geboren hatte. Beim Zusammentreffen zweier Stimmen in der Oktave, in der Quinte oder Quarte konnte einem feineren

Gehör doch allmählich nicht entgehen, daß es sich in Wirklichkeit um zwei verschiedene Töne handelte. Wenn man sie nacheinander angab, war dies vollkommen deutlich. Man mochte sich darüber freuen, solche Zweiklänge hervorzubringen, die doch einem Einklang ähnlich waren; und man sang dann die nämlichen Töne auch absichtlich nacheinander, um sich ihren Eindruck auch in dieser Form einzuprägen. Dabei mochte dann der leere Zwischenraum, den auch das kleinste dieser Intervalle, die Quarte, noch darbietet, zunächst willkürlich durch Zwischentöne ausgefüllt werden. Und so können wir uns die ersten melodischen Phrasen, sowie die ersten Keime einer Leiter entstanden denken. Die Oktave wird dabei allerdings im melodischen Gebrauch weniger benützt worden sein. Obgleich Oktavenschritte in recht primitiven Gesängen vorkommen, finden sie sich naturgemäß doch nur an einzelnen Stellen. Zum melodischen Gebrauche sind die kleinen Stufen geeigneter. Quarten- oder Quintenschritte sind daher bei vielen primitiven Gesängen die größten Intervalle, die in unmittelbarer Aufeinanderfolge der beiden Töne gesungen werden. Aber auch der gesamte Tonumfang eines Liedes, der Abstand seines tiefsten Tones von seinem höchsten, überschreitet häufig nicht diese Grenze.

Man könnte wohl fragen, ob die ersten konsonanten Intervalle nicht doch auch in der bloßen

Aufeinanderfolge der Töne sich schon für das Bewußtsein der Urmenschen auszeichnen mußten. Bei der Oktave z. B. sprechen wir doch von einer gewissen Verwandtschaft oder Ähnlichkeit oder gar Identität der beiden Töne, die auch den Urmenschen auffallen konnte. Ich will eine solche Möglichkeit nicht ausschließen, halte aber die Verschmelzung bei gleichzeitigem Angeben der Töne für das aufdringlichere Phänomen und darum, zumal da es gleichzeitig jene praktische Bedeutung haben konnte, für den wahrscheinlichsten Ausgangspunkt der ganzen Entwicklung[16].

Nur zum Gebrauche gewisser **kleiner** Intervalle konnte man, und zwar sogar schon viel früher, durch das Singen aufeinanderfolgender Töne gelangen, ohne überhaupt irgendwelche konsonante Zusammenklänge dabei zu benötigen. Man sang eben — vielleicht nur dem Spieltriebe folgend oder wieder zu Signalzwecken — Töne, die deutlich genug voneinander verschieden waren, und erwarb sich in der Hervorbringung solcher Stufen, die dann auch absichtlich etwas größer oder kleiner genommen werden konnten, eine gewisse Übung; so daß dadurch schon Gesänge möglich wurden, die man von anderen Ausgangstönen aus wiederholen konnte. Denn solche kleine Tonstufen lassen sich in der Tat von beliebigen Ausgangstönen aus mit einiger Genauigkeit in gleicher Größe herstellen, und man erhält auch so eine Art transponierbarer Intervalle[17]. Ihre

Abstimmung wird freilich nur schwer die Genauigkeit und Gleichmäßigkeit der Intervalle erreichen, die auf das Prinzip der Konsonanz gegründet sind.

Manche Gesänge primitivster Natur, z. B. bei den Wedda auf Ceylon, sind von dieser Art und wohl auf diesem Wege entstanden. Mag man sie als bloße Vorstufen oder schon als Anfänge der Tonkunst bezeichnen, jedenfalls gilt, daß diese von kleinen Tonstufen ausgehende Strömung erst mit der vorher geschilderten, aus den Konsonanzerlebnissen fließenden, sich vereinigen mußte, ehe eine höhere Entwicklung möglich war. Wenn solche Gesänge aus willkürlichen kleinen Stufen die zeitlich früheren waren, was möglich, ja sehr wahrscheinlich ist, so würden wir sagen: der Nebenstrom hat einen längeren Lauf, aber er wird dadurch nicht zum Hauptstrom. Dieser, der Gebrauch konsonanter Grundintervalle, ist es, der sich mehr und mehr als das Wesen der Musik enthüllt und dessen Quelle die Quelle der Musik ist.

Überdies kann man sich leicht vorstellen, auf welche Art die beiden Flußläufe bald zusammentreffen mußten. Kurze melodische Motive aus kleinen Stufen eigneten sich offenbar vortrefflich zu Signalzwecken, zumal da durch die Unterschiede der Akzentuierung aus wenigen Tönen eine Fülle verschiedener Zeichen entsteht, die z. B. als Familienrufe gebraucht werden konnten. Wenn nun Männer und Weiber oder Knaben ein solches aus zwei oder drei Tönen gebildetes Signal zusammen angaben, so mußten wieder die Fälle, in denen sie in Oktav- oder Quintenparallelen nebeneinander her sangen, sich vor anderen durch den Eindruck des Unisono auszeichnen und darum allmählich bevorzugt werden. Und war dies häufig geschehen, so konnte leicht auch ein einzelner sich versucht fühlen, den Ruf des Partners, den er soeben gehört, in dessen eigener Stimmlage nachzuahmen (oder auch zu pfeifen), womit er also seinen eigenen Ruf um eine Oktave, bzw. Quinte oder Quarte, höher oder tiefer transponiert hatte. Der Gebrauch des Falsetts, der sich bei Naturvölkern öfters findet, könnte unter anderem mit solchen Nachahmungsversuchen zusammenhängen. So wurde das Parallelsingen zugleich eine gute Schule der Transpositionsfähigkeit.

Waren einmal die Motive aus zwei oder drei Tönen zu größeren Gebilden erweitert, denen wir schon den Namen von Melodien beilegen können, so konnte, ja mußte derselbe Prozeß sich wiederholen. In der Tat finden wir nicht nur das Parallelsingen ganzer Melodien in Oktaven, sondern auch das Singen und Spielen in Quinten- oder Quartenparallelen bei Naturvölkern weit verbreitet. Man kann selbst in unserem zivilisierten Europa noch oft bei Natursängern beobachten, daß sie quintieren, während sie einstimmig zu singen glauben. In einem Moment der Zerstreuung oder unter ungewöhnlichen

Umständen kann dies sogar einem Musiker passieren. Legte man nun wieder das gleichzeitig Gesungene auseinander, so war die Melodie um eines der konsonanten Intervalle verschoben. Auch für solche Wiederholungen finden sich schon frühzeitig Beispiele. In der späteren griechischen Musik und den Anfängen der christlichen nannte man sie Antiphonien. Bei uns selbst gibt es außer den Oktavenverschiebungen, die gar nicht mehr als Transpositionen gerechnet werden, die regelmäßige Quintenverschiebung des Themas in der Fuge und anderen kontrapunktischen Formen. Es mag lächerlich klingen, ist aber buchstäblich richtig, daß die Anfänge der Kontrapunktik in vorhistorische Zeiten zurückreichen.

v. Hornbostel hat darauf hingewiesen, daß auch umgekehrt aus Wechselgesängen, die zunächst ganz ungeregelt sein mochten, Mehrstimmigkeit entstehen konnte. Es findet sich nämlich häufig bei Naturvölkern, daß, wenn zwei Sänger oder ein Sänger und ein Chor abwechseln, der zweite Partner schon beginnt, während der erste noch seine letzten Töne vorträgt. In dieser, zuerst wohl nur der Ungeduld des Sängers entsprungenen, Unart fand man dann vielleicht einen gewissen Reiz (wie ja das Verfahren in unserer Kunstmusik zu schönen Wirkungen benutzt wird), übte es auch absichtlich und entdeckte dabei aufs neue und von höherem, schon künstlerischem Standpunkte den Eindruck konsonanter Intervalle.

III.
Primitive Instrumente und ihr Einfluß.

Ganz derselbe Prozeß, wie beim Singen, vollzog sich nun auch sicherlich schon sehr frühe beim Gebrauche von Instrumenten. Wir müssen allerdings damit rechnen, daß manche anscheinend primitive Musikinstrumente, die wir jetzt finden, Rückbildungen höher stehender Instrumente sein mögen, die von Kulturvölkern wieder zu Naturvölkern gewandert sind; wie z. B. die Negerharfe in diesem Verhältnis zur altägyptischen Harfe stehen dürfte, ebenso die Pfeifen der Kubu auf Sumatra zu denen des javanischen Kulturvolkes[18]. Immerhin können wir das bei Naturvölkern Vorgefundene auch dann benützen, um uns ein annäherndes Bild von den ursprünglichen Zuständen zu machen.

Pfeifen sind, wenn nicht die ältesten, jedenfalls sehr alte Musikwerkzeuge. Man findet durchlöcherte Knochen erlegter Tiere, namentlich von Vögeln, in Verbindung mit Steinwerkzeugen in europäischen wie in amerikanischen Gräbern und Höhlen. Auch das Horn der Antilope oder des Urstieres und ausgehöhlte Mammutzähne wurden verwendet, besonders aber Bambusrohre, später auch künstlich gefertigte Terrakottapfeifen. Sie wurden entweder am offenen Ende angeblasen oder mit einem Seitenloche versehen. Am offenen Ende wurde schon in alter Zeit durch eine Asphaltmasse ein Mundstück mit enger Spalte angebracht, entsprechend dem Prinzip unseres Flageolets.

Solche zunächst nur auf einen Ton abgestimmte Pfeifen mochten nun wiederum zu Signalen Anwendung finden, wie denn auch die heutigen Naturvölker Signalpfeifen in zahllosen Formen gebrauchen. Daß man das Bedürfnis der Verstärkung hatte, zeigen die nicht selten vorkommenden Doppelpfeifen. Wurden Pfeifen verschiedener Tonhöhe von mehreren Individuen zusammen angeblasen, so konnten dabei nach und nach wieder jene drei Grundintervalle ausgesondert werden, die dem Gehör durch ihre Einheitlichkeit auffielen, auch wenn man sie nicht schon vom Singen her kannte. Gegen die ungeschulte Menschenstimme hat die Pfeife den Vorteil, daß sie den Ton besser hält, während die Stimme leicht in weiten Grenzen schwankt. So konnten die konsonanten Verhältnisse sich hier noch leichter offenbaren, sind vielleicht auch wirklich früher da aufgefunden.

Es wurden dann auch auf einem einzelnen Instrumente durch Anbringung mehrerer Löcher von einem findigen Instrumentenmacher der Urzeit verschiedene Töne hergestellt. Dabei sind aber die Löcher zuerst nicht bloß nach akustischen Bedürfnissen, so wie man die Töne zu hören wünschte, angebracht worden, sondern man hat zunächst aufs Geratewohl oder nach äußerlichen Motiven, wie es sich etwa innerhalb der Bambusknoten am besten einrichten ließ, besonders aber nach räumlicher Symmetrie die Löcher gebohrt und dann die Töne so geblasen und so schön gefunden, wie sie eben herauskamen. Auf eine bequeme Stellung der drei, bzw. sechs, hauptsächlich verwendbaren Finger ist natürlich auch gesehen worden. Allmählich erst griff das inzwischen vervollkommnete Gehör korrigierend ein und brachte die akustisch ausgezeichneten Intervalle, wenigstens mit Hilfe der Spieltechnik, auch auf den Pfeifen zur Geltung.

Außerdem wurde aber zur Hervorbringung verschiedener Töne wahrscheinlich sehr frühe das System der Panpfeife benutzt, die Aneinanderreihung einer Anzahl verschieden abgestimmter Pfeifen. Man findet sie bei primitiven Völkern aller Weltteile. Die Pfeifen sind nach verschiedenen Prinzipien abgestimmt. Zuerst hat vielleicht überhaupt keine Abstimmung stattgefunden, sondern sind äußerliche Motive oder ist der Zufall für die Zusammenstellung maßgebend gewesen. Auf den meisten gegenwärtigen Panpfeifen sind aber akustisch ausgezeichnete Intervalle zu finden. Dabei folgen die Pfeifen entweder nach ihrer Tonhöhe aufeinander, oder sie bilden Gruppen, die uns wie auseinandergelegte Akkorde anmuten. In gewissen Fällen endlich scheint eine bestimmte Melodie ein für allemal in der Anordnung der Pfeifen fixiert zu sein oder von Fall zu Fall fixiert zu werden [19].

Besonders merkwürdig sind noch die Doppelpanpfeifen, aus einer vorderen und hinteren Reihe bestehend; die zwei zueinander gehörigen Pfeifen sind immer gleichgroß, aber die eine ist offen, die andere gedeckt, infolgedessen stehen sie im Oktavenverhältnis. Man sieht daran, wie die akustischen Erfahrungen sich mehren [20].

Nun wurde aber bei den Blasinstrumenten (auch Trompeten verschiedener Art kamen allmählich auf) noch eine Erscheinung beobachtet, die ganz unabhängig von den Erfahrungen an gleichzeitigen Tönen die Aufmerksamkeit auf die konsonanten Intervalle hinlenken mußte: nämlich die Obertöne, die durch das „Überblasen" zum Vorschein kommen. Auf dem Alphorn ruft sie der Schweizer Hirte heute noch der Reihe nach hervor. Die Intervalle der Teiltöne sind zuerst die Oktave, dann die Quinte, Quarte und Terz. Die drei ersten Intervalle sind identisch mit denen, die beim Zusammensingen und Zusammenpfeifen die größte Verschmelzung aufweisen, und mußten so aufs neue im Bewußtsein befestigt werden. Ja es ist sehr wohl denkbar, daß man beim Zusammenfügen von Panpfeifen sich in vielen Fällen durch die Obertöne leiten ließ. Die einzige Quelle konsonanter Intervalle konnten aber diese aufeinanderfolgenden Überblasungstöne schon darum nicht sein, weil jene Intervalle sich auch bei Stämmen finden, denen Blasinstrumente fehlen, weil ferner der

Gebrauch gleichzeitiger Oktaven- oder Quintentöne doch wieder durch besondere Eigenschaften dieser Zusammenklänge veranlaßt werden mußte, weil endlich die Überblasungstöne vielfach nicht rein, sondern etwas zu tief herauskommen, während das Ohr nach Reinheit drängt. Das Gehör fügt sich auf die Dauer nicht den Instrumenten, sondern die Instrumente dem Gehör[21].

Nachdem einmal Pfeifen mit mehreren Löchern und die ersten Panpfeifen erfunden waren, muß das Musizieren einen großen Aufschwung genommen haben. Die Hervorbringung immer neuer abwechselnder Tonfolgen, sei es auch mit ganz wenigen Tönen, mußte auf solche, die überhaupt an Tönen Freude hatten (und darin waren die Individualitäten ursprünglich wohl ebenso verschieden wie heute) einen großen Reiz ausüben. Es entstanden die ersten instrumentalen Melodien. Jetzt konnte auch der Tanz, das Opfer und jede andere feierliche oder unfeierliche Gelegenheit zur Ausübung dieser Kunst benutzt werden. Zugleich bot das Instrument mit seinen festen Tönen eine willkommene Unterstützung für den Gesang. Es war jetzt möglich, Tonwendungen, die der und jener beim Singen gebraucht und die andere nachgeahmt hatten, zu fixieren. Und man konnte mit Hilfe der Pfeifen die Weisen treuer von Geschlecht zu Geschlecht überliefern als mit bloßem Singen. „Er schnitzt sich eine Pfeif' aus Rohr und bläst den Kindern schöne Tänz' und Lieder vor." Die instrumentale Fixierung tritt zum Gesang in ähnlicher Weise unterstützend hinzu, wie später die Schrift zur Sprache.

Außer den Pfeifen sind Saiteninstrumente in primitiver Form weit verbreitet, haben sich aber wohl langsamer entwickelt. Sie sind nach wahrscheinlicher Annahme aus dem gespannten Bogen der Jäger entstanden. Man konnte bald bemerken, daß der Ton der Sehne sich mit der Spannung ändert, und mochte sich wieder zu allerlei Experimenten angetrieben finden. Es entstand der sogenannte Musikbogen, das ursprünglichste Saiteninstrument, das sich noch in mehreren Weltteilen findet. Die Saite wird mit einem Stäbchen geschlagen, auch gezupft, nur selten gestrichen. Der äußerst dürftige Ton wird häufig dadurch verstärkt, daß der Spielende die Saite in den offenen Mund hält, der dabei als Resonator gebraucht wird. Aber auch die Verstärkung durch objektive Hohlräume ist den Naturvölkern längst bekannt. Namentlich dienen schon beim Musikbogen ausgehöhlte Kürbisse diesem Zweck. Dann wurden, wie bei den Pfeifen, die Töne vervielfältigt, indem man mehrere verschieden gespannte oder verschieden lange Saiten aufzog. Es entstanden die Harfe und die Leier mit Schildkrötenschalen als primitiven Resonanzkästen. So war auch hier die Unterlage für instrumentale Melodiebildungen gewonnen.

Endlich wurden auch Schlaginstrumente[22], bei denen es ursprünglich nur auf Tonstärke ankam, dem musikalischen Gehör dienstbar gemacht. Den ersten Schritt dazu zeigt die Kombination von zwei Klanghölzern, Brettern von ungleicher Tonhöhe, die abwechselnd geschlagen werden. Künstlicher ist schon die Signaltrommel, ein ausgehöhlter Holzblock, an dessen oberer Seite durch Einschnitte zwei Zungen gebildet sind. Sie dient in Afrika und anderwärts für die Trommelsprache, d. h. die Verständigung auf weite Entfernungen hin durch bestimmte, teils konventionelle, teils der gewöhnlichen Sprache nachgebildete Schallzeichen. Die beiden Zungen sind von verschiedener Dicke und geben darum verschiedene Töne. Dasselbe Instrument war, kunstvoll ausgearbeitet, im alten Mexiko bei Priesterkonzerten gebräuchlich. Aber auch der Gebrauch abgestimmter Membranen ist allverbreitet. Wir finden sehr mannigfache Pauken, die auf verschiedene Töne eingestellt werden. Die konsonanten Intervalle selbst sind aber an diesen Instrumenten sicherlich nicht aufgefunden, sondern nur auf sie übertragen worden.

Einer höheren Entwicklungsstufe gehören dann die vielbenutzten Xylophone und Metallophone an (die in Amerika allerdings ebenso wie die Musikbogen erst von Afrika aus importiert scheinen). Da ist eine ganze Anzahl von klingenden Holz- oder Metallstäben vereinigt und vielfach mit entsprechenden

Resonatoren verbunden. Diese Instrumente sind für die Musikforschung außerordentlich wertvoll, weil man an gut erhaltenen Exemplaren die Tonleitern, die darauf vertreten sind, mit physikalischer Genauigkeit messen kann. In Afrika sind die handlichen kleinen Sansa's, deren hölzerne oder metallene Stäbchen durch Herabdrücken mit dem Daumen zum Schwingen gebracht werden, so beliebt wie bei uns das Klavier.

Man kann die Frage stellen, ob Instrumente für die Musik ganz unentbehrlich seien, ob es nicht Stämme gebe, die nur Gesangmusik ausgebildet haben. Tatsächlich gibt es solche; z. B. die Wedda in Ceylon haben keine Instrumente. Ihre Gesänge stehen aber auch auf einer äußerst niedrigen Stufe. Die nordamerikanischen Indianerstämme freilich, die nur wenige und dürftige Instrumente gebrauchen, besitzen eine sehr entwickelte Gesangmusik. Man wird daher nicht umhin können, eine rein vokale Entwicklung der Musik bis zu einer gewissen Stufe für möglich zu halten.

IV.

Mehrstimmigkeit, Rhythmik, Sprachgesang.

Wir wollen nun die primitive Musik, empirisch gesprochen die Musik der Naturvölker, noch besonders in drei Richtungen kurz charakterisieren:

hinsichtlich der ersten nachweisbaren Formen der Mehrstimmigkeit, hinsichtlich der Rhythmik, und hinsichtlich der Verknüpfung von Singen und Sprechen.

1. Wie steht es vor allem mit dem Ursprunge der Harmonie, die für uns so wesentlich zur Musik gehört, daß wir auch die einstimmige unbegleitete Melodie im harmonischen Sinne auffassen, und daß alle Spannungen und Lösungen der Melodie uns zugleich harmonische Spannungen und Lösungen bedeuten? Sind Dreiklänge, Akkorde überhaupt, ein ganz spätes Produkt, eine gotische Barbarei, wie sie Rousseau nannte? Oder sind sie so alt wie die Musik? Ist vielleicht auch die ursprüngliche Melodie ebenso wie die unsrige aus der Harmonie herzuleiten?

So viel darf als ausgemacht gelten, daß die Freude an der mannigfaltigen Verbindung, Verwicklung und Auflösung von Akkorden erst eine modern-europäische Errungenschaft, etwa seit dem 13. Jahrhundert, ist. Noch die alten Griechen, die von ihrem offenbar reich entwickelten Musiksystem die tiefsten seelischen Wirkungen erfuhren, kannten keinen Dur- oder Mollakkord, geschweige denn ein Harmoniesystem. Die beliebte Harmonisierung der erhaltenen Bruchstücke griechischer Melodien ist eine Fälschung. Dasselbe gilt, soweit die bisherigen Kenntnisse reichen, bei den gegenwärtigen Naturvölkern. Aber zwischen dem modern-europäischen Akkordsystem und der strengen Einstimmigkeit liegen doch noch verschiedene Formen der Mehrstimmigkeit, deren Anfänge sehr weit zurückreichen müssen. Ist unsere Annahme über den Ursprung der Musik richtig, so liegt er ja gerade im mehrstimmigen, wenn auch unbewußt mehrstimmigen, Singen oder Spielen. Und es ist keine geringe Bekräftigung dafür, daß, wie erwähnt, bei den gegenwärtigen Naturvölkern außer den Oktaven- auch Quarten- und Quintengänge vorkommen. Sie wurden, nachdem sie sich zuerst unbemerkt eingeschlichen, allmählich auch mit Absicht herbeigeführt, weil man etwas Schönes darin fand, daß der Klang, ohne seine Einheitlichkeit einzubüßen, doch an Fülle gewann. Sie treten zu regelmäßig an bestimmten Stellen der Gesänge auf, um als unwillkürliche Entgleisungen angesehen werden zu können. In Asien (China, Japan, Siam, Sumatra usf.) ist es etwas ganz Gewöhnliches, daß Instrumente unter sich oder mit der Stimme in Quinten oder Quarten gehen. Dieses Quintieren ist um so bemerkenswerter, als es nach unbezweifelbaren Berichten genau ebenso im 9. und 10. Jahrhundert n. Chr. (bei den Kartäusermönchen noch im 13. Jahrhundert) ausgeübt und für schön gehalten wurde. Daraus ist dann unsere ganze mehrstimmige Musik hervorgegangen, in der jetzt allerdings solche Parallelen im allgemeinen nicht mehr als erlaubt gelten. Auch Terzengänge kommen hie und da vor, besonders in Afrika; ob unabhängig von europäischem Einfluß, ist allerdings die Frage.

Man kann also ganz wohl sagen, daß die Wurzeln der Harmonie sich bei den Naturvölkern finden. Sie sind nur nicht zu weiterem Wachstum gekommen; die Harmonie selbst ist ausgeblieben. Der Naturmensch findet zwar einen Durakkord nicht übel, aber er verlangt nicht danach, überhaupt nicht nach Dreiklängen; und wo er Zweiklänge gebraucht, werden sie wieder von unserem Gehör meistens als unpassend empfunden. Man findet ausgesprochene Dissonanzen zwischen Gesang und Begleitung oder zwischen den Instrumenten an hervorragender Stelle und ohne jede Auflösung. Noch in der chinesischen und japanischen Musik ist das nämliche der Fall und scheint auch in der altgriechischen Musik, Plutarch zufolge, ebenso gewesen zu sein.

Das Wohlgefallen an der Mehrstimmigkeit hatte also vermutlich im Anfange ganz andere Gründe als jetzt bei uns, die wir durchaus unter den Einwirkungen der ungeheuren Entwicklung des letzten Jahrtausends stehen. Man freute sich eben nur am gleichzeitigen Hervorbringen mehrerer Töne überhaupt und etwa noch an dem vollen und einheitlichen Eindruck, der bei gewissen Verbindungen entstand. Zuweilen scheint es bei den Naturvölkern sogar auf eine gewisse Rauhigkeit des Zusammenklangs durch Hervorbringung benachbarter, miteinander schwebender Töne abgesehen zu sein, wodurch Sekundenparallelen entstehen [23].

Außer dem Parallelsingen in konsonanten Intervallen findet sich noch ein anderer Ansatz zur Mehrstimmigkeit bei den Naturvölkern: das Liegenbleiben oder die Wiederholung eines Tones während einer ganzen Melodie. Auch diese Art des Diskantierens finden wir zu Beginn unserer Musikepoche wieder, man nannte sie Diaphonia basilica. Die alte Drehleier mit ihren „Bordun"-Saiten und die namentlich im Orient weitverbreitete Dudelsackpfeife sind gleichfalls Nachzügler dieser primitiven Art von Mehrstimmigkeit. In der gegenwärtigen Musik bieten der Orgelpunkt und der Basso ostinato Analogien dazu. Ja im größten Instrumentalwerk der klassischen Epoche, der 9. Symphonie Beethovens, bringt das Trio des zweiten Satzes eine ausgeführte Dudelsackweise: Primitives als Wirkungselement höchster, heiligster Kunst.

2. So viel über die ersten Spuren mehrstimmiger Musik. Während nun aber dieser Faktor in seiner gewaltigen Wirkungskraft erst sehr spät zur reiferen Entfaltung kam, verhält es sich umgekehrt mit dem Rhythmus. Diese Seite der Musik, deren grundwesentliche Bedeutung wir nicht verkennen [24], ist sehr früh zu einer merkwürdig reichen Durchbildung gediehen. Das hängt teilweise wieder mit dem praktischen Bedürfnis zusammen. Denn für die Signale,

speziell die Trommelsprache, boten rhythmische Veränderungen das einfachste Mittel, mit wenigen Tönen die mannigfaltigsten Tonzeichen hervorzubringen. Andererseits hängt es aber auch gerade mit dem Zurückbleiben der Mehrstimmigkeit zusammen. In einer wesentlich einstimmigen Musik kann sich der Rhythmus viel freier entfalten als in einer polyphonen und harmonischen. Denn wenn viele zusammen musizieren, und wenn vollends die Stimmen verschiedene Melodien singen, dann müssen sie sich um so fester an gewisse stereotype und leicht festzuhaltende Rhythmen binden, wenn nicht ein völliges Chaos entstehen soll. Daher führte die Polyphonie alsbald zur Mensuralmusik, und daher beschränken wir uns auf wenige einförmige Taktarten, wie $^4/_4$, $^3/_4$, und halten sie durch ein ganzes Stück fest. Auch bei den Chinesen, Japanern, Siamesen, wo eine gewisse Art von Mehrstimmigkeit gebräuchlich ist, finden wir nur diese einfachsten Taktarten, besonders die geradzahligen. Dagegen in der ursprünglichen, wesentlich homophonen Musik war der verschiedenartigsten Rhythmisierung die Bahn geöffnet. Die Griechen waren uns hierin überlegen. Aber selbst die Naturvölker sind uns überlegen. Wir finden da z. B. bei den Indianern häufig $^5/_4$- und $^7/_4$-Takte, die in unserer Kunstmusik immer zu den Kühnheiten gehören, wenn sie auch in europäischer Volksmusik öfter vorkommen; ja diese Taktarten wechseln innerhalb eines Stückes untereinander und mit geradzahligen Taktarten in rascher Folge ab. Singt ein ganzer Chor, so werden diese komplizierten Rhythmen gleichwohl einhellig durchgeführt, weil man eben Unisono singt und alle auf die besondere Rhythmisierung des betreffenden Liedes eingeübt sind. Ebenso ist es aber auch bei vielen anderen Naturvölkern. Manche südasiatische Völker scheinen geradezu eine Vorliebe für siebenteilige Gruppierung zu haben. Es finden sich aber auch Rhythmen von solcher Kompliziertheit, daß wir sie überhaupt nicht mehr durchs Ohr auffassen können, vielmehr nur bei genauer Nachmessung der bezüglichen Zeitabschnitte als vorhanden erkennen[25]. Eine merkwürdige und äußerst weitverbreitete Gewohnheit ist ferner das Schlagen auf Taktteilen, die wir als „schlechte" bezeichnen würden. Man findet es ebenso bei den Indianern wie bei den Kulturvölkern von Siam und Java. Ferner gehen oft mehrere ganz verschiedene Rhythmen, z. B. im Gesang und in der begleitenden Pauke, deren gleichzeitige Auffassung uns nicht oder nur sehr schwer möglich ist, unabhängig nebeneinander her (Rhythmische Polyphonie, Polyrhythmie)[26].

Wir müssen aus diesen Tatsachen freilich auch schließen, daß das meiste, was bei den Naturvölkern an Musik beobachtet wird, keineswegs die allerprimitivsten Zustände darstellt, sondern mindestens in Hinsicht der Rhythmik und des ganzen Aufbaues doch schon vielfach eine lange Geschichte hinter sich hat, so roh und barbarisch es für uns klingt. Die Verwendung rhythmisierter Gesänge bei der Arbeit, die Bücher mit Recht als eine treibende Kraft für die Ausbildung des Rhythmusgefühles betont, möchte ich aber nur für die einfacheren Rhythmen in Anspruch nehmen. Jene verwickelten Rhythmen und ihre künstliche Zusammenfügung müssen schon auf andere als bloß praktische Bedürfnisse zurückgeführt werden. Da müssen wir wieder die Neugierde, das Spielbedürfnis, die Freude am Experimentieren und an der fortschreitenden Fähigkeit zur Auffassung und Zusammenfassung verwickelterer Gebilde, auch schon das Bedürfnis eines angemessenen Ausdruckes für die religiösen Vorstellungen und ritualen Zeremonien und für alles, was das Gemüt bewegte, — kurz, wir müssen immer mehr der höheren Natur des Menschen entspringende Motive wirksam denken.

3. Ebenso wie der Rhythmus zwar nicht den Ursprung der Musik, aber eine besonders reich und schnell voranschreitende Eigenschaft der Urmusik darstellt, so ist die Sprache, in der wir gleichfalls nicht den Ursprung finden konnten, für die Entwicklung der Musik von großer Bedeutung geworden. Die musikalischen Intervalle wurden, nachdem sie einmal dem Bewußtsein aufgegangen waren, auch beim Sprechen vielfach verwendet. Es entstand

tatsächlich eine Art Sprachgesang, d. h. ein Rezitieren und Deklamieren, bei welchem die Stimme länger als gewöhnlich auf bestimmten Tönen verweilt, ganze Sätze in einer unveränderten Tonhöhe vorträgt und an besonderen Stellen die musikalischen Intervalle zu Hilfe nimmt. Wir haben davon eine Menge Proben bei den Naturvölkern, aber auch bei den ostasiatischen Kulturnationen. Die Grenze gegen das gewöhnliche Sprechen ist nicht immer leicht zu ziehen. Aber den ausgebildeten Sprachgesang möchte ich durchaus als wahren Gesang bezeichnen. Bei uns gibt das Singen der Domherren und Mönche, die in der Kirche ihre Vesper oder Matutin rezitieren, ein Beispiel davon. Die Rhythmik und das Zeitmaß des Sprechens ist dabei aus der gewöhnlichen Sprache ziemlich unverändert herübergenommen, und man hat infolgedessen den Eindruck eines nur wenig modifizierten Sprechens. Gleichwohl ist durch die festen Tonhöhen und Intervalle ein wesentlich neues Element hineingekommen.

Dabei sind aber die musikalischen Intervalle nicht etwa willkürlich in das Sprechen hineingetragen, sondern diejenigen ausgewählt worden, die mit den sprachlichen Tonfällen die größte Ähnlichkeit besitzen. Beim liturgischen Gesang ist dies ja bekannt. Bei den Naturvölkern finden sich aber auch schon solche Übertragungen. So haben die Togo-Neger die Tonfälle ihrer Sprache (die für sie eine besondere Wichtigkeit haben, weil dasselbe Wort durch verschiedene Tonfälle eine ganze Anzahl von Bedeutungen erhält) auch auf die Trommelsprache übertragen, die durch abgestimmte Schlaginstrumente erfolgt. Daher sind deren akustische Zeichen den Eingeborenen leicht verständlich. Phonographische Aufnahmen setzen diesen Zusammenhang außer Zweifel.

Für die von uns nicht gebilligte Hypothese vom Ursprunge der Musik aus der Sprache lassen sich diese erfahrungsmäßig erwiesenen Sprachgesänge nicht etwa als Stütze anführen. Es ist meines Erachtens kein Grund zu der Annahme vorhanden, daß das sprechende Singen dem eigentlichen, ich möchte sagen musikalischen, Singen zeitlich vorhergegangen wäre. Dieses unterscheidet sich vom Sprachgesang durch den Besitz festerer rhythmischer Formen, durch Verlegung des Schwerpunktes auf die melodische Seite (stellen doch die Gesangtexte öfters nur sinnlose Silben dar, und finden wir bei manchen Stämmen Lieder, die sie mit den Texten von anderen Stämmen überkommen haben, ohne die Texte zu verstehen), vor allem aber durch das Auftreten festerer und übertragbarer Intervalle. Psychologisch wäre es nun zwar denkbar, daß die Intervalle, mit deren Auftauchen wir die eigentliche Musik beginnen lassen, zuerst in der Form des Sprechsingens angewandt worden wären, nämlich bei den Anfangs- und

Schlußwendungen der Abschnitte der Rezitation, die im übrigen auf einem Tone verweilte[27]. Aber warum man dazu gerade die Oktave oder Quinte und nicht ebenso alle möglichen Tonabstände durcheinander hätte benützen sollen, wäre nicht im mindesten einzusehen; dafür müssen also doch besondere Ursachen gesucht werden, und damit erst kommt man auf die Anfänge der Musik. Überdies möchte ich's auch in zeitlicher Hinsicht für wahrscheinlicher halten, daß der erste Gebrauch musikalischer Intervalle ganz unabhängig von der Sprache erfolgte, und daß erst nachher, als bereits ein Singen und Spielen in Intervallmelodien sich eingebürgert hatte, die erzählende und die dramatische Form der Rede das neue Hilfsmittel zur Steigerung ihrer Wirkungen heranzogen.

Will man sagen, der Sprachgesang sei eine untergeordnete, minderwertige Form, und darum als die frühere anzusehen, so würden wir dies nicht in jeder Hinsicht unterschreiben. Mag man auch die Rezitative unserer klassischen Opern und Oratorien geringer schätzen als die Arien, und vollends die gänzliche Verdrängung der Liedform durch das Rezitativ als eine Art von Atavismus mißbilligen: wer einmal die feierliche Präfation in der katholischen Messe, die dem mystischen Schweigen der „Wandlung" vorangeht, in würdiger Form hat vortragen hören, wird ihre gewaltige Ausdruckskraft nicht leugnen und sich ein Bild, zwar nicht der griechischen Musik selbst, aber ihrer Wirkungen und Wirkungsmittel machen können.

V.
Entwicklungsrichtungen.

Blicken wir zurück! Wir verzichteten darauf, eine genaue zeitliche Reihenfolge für das Auftreten der ersten Lautäußerungen, die als musikalische bezeichnet werden können, aufzustellen. Es kam uns mehr darauf an, die Wurzeln bloßzulegen, ihre Triebkraft abzuschätzen, ihren Zusammenhang mit dem Stamme zu verfolgen. Doch wollen wir jetzt bei der Zusammenfassung auch die mutmaßliche Zeitordnung mit berücksichtigen und der Kürze halber sogar in kategorischer Form sprechen — die hypothetischen Vorbehalte verstehen sich ja in diesen Dingen von selbst.

Vor aller Musik wurden durch Schlaginstrumente und inartikulierte Laute der Stimme bereits Arbeits- und Tanzrhythmen markiert. Aber als Element der Musik wurde der Rhythmus erst eingeführt, nachdem an die Stelle der Geräusche Töne, und nicht nur Töne sondern Tonintervalle getreten waren. Zu Signalzwecken, auch aus bloßem Spielbedürfnis, wurden zuerst kleine Intervalle gebraucht, die man in annähernd gleicher Weise auch auf anderen absoluten Tonhöhen wiedererzeugen lernte. Solche Intervalle wurden sowohl durch die Stimme als durch primitive Instrumente (Klanghölzer u. dgl.) hergestellt. Musik im prägnanten Sinn entstand aber erst, als die konsonanten Intervalle, vor allem die Oktave, entdeckt wurden, die dann auch zugleich einen festen Rahmen für die kleineren Stufen abgaben. Diese Entdeckung erfolgte auf Grund der Verschmelzungseigenschaft und aus Anlaß der gleichzeitigen Zeichengebung mehrerer Individuen. Dabei konnte wieder die Stimme, konnten auch Instrumente Träger der Tongebung sein: an beiden Klangquellen mußten dieselben Grundintervalle herauskommen. Jedenfalls waren die Instrumente durch die objektive Fixierung der Intervalle überaus wichtig zur weiteren Entwicklung des Singens selbst. Außer den Verschmelzungserscheinungen konnte bei aufeinanderfolgenden Tönen auch die Klangverwandtschaft, wenigstens an obertonreichen Klängen, zu den Grundintervallen führen. Bei den Blasinstrumenten wirkten ferner die Überblasungstöne mit, um diese Intervalle dem Bewußtsein aufzudrängen. Aber die Hauptursache waren sie nicht.

Gleichzeitig mit der Einführung von festen Intervallen, kleinen wie großen, wurden im Dienste der Signalgebung, aber auch schon aus künstlerischen Interessen (in diesem Fall in Verbindung mit Tanz und Dichtung bei Kulthandlungen u. dgl.) die rhythmischen Eigenschaften der Tongebung immer mehr differenziert, und es entstanden die ersten melodischen Formen. Auch wurde das Verweilen auf festen Tonhöhen und der Gebrauch fester Intervalle auf die gehobene Sprache übertragen und so der Sprachgesang als eine besondere Form der Musik geschaffen [28].

Es wird nun die Aufgabe umfassender Analysen und Vergleichungen sein, die **Hauptformen primitiver Melodiebildung** und ihre allmähliche Vervollkommnung aufzudecken. Die Gesetzlichkeiten im rhythmischen Verlauf der Melodien werden sich teilweise in Verbindung mit der Metrik der natürlichen und der künstlichen Rede entwickelt haben, teilweise aber auch unabhängig davon. Die verschiedene Häufigkeit und Dauer der einzelnen Töne, die Größe der Schritte, die Abstimmung der Intervalle, die Gleichmäßigkeit ihrer Intonation, die Länge der einzelnen melodischen Motive und der ganzen Melodie, die Vortragsnuancen — kurz, alle Merkmale der Melodien müssen statistisch und psychologisch an dem Material, das hoffentlich noch zu rechter Zeit in die Scheune gebracht wird, untersucht werden. Gegenwärtig sind wir von einer solchen Melopöie der Naturvölker noch weit entfernt, nur die allerersten Anfänge sind vorhanden, aber Zusammenfassendes läßt sich noch nicht sagen.

Nur in wenigen Worten möchte ich noch andeuten, welche Wege die **Weiterbildung des Tonsystems** selbst nach den ersten Anfängen eingeschlagen hat, oder — um uns sogleich auf das empirische Material zu beziehen — welche wesentlichen rein tonalen Verschiedenheiten, aus denen man sich etwa ein Bild des Entwicklungsganges machen kann, sich bei den außereuropäischen Völkern gegenwärtig finden.

Erstlich bemerken wir eine fortschreitende Zentralisierung des Tonmaterials. Ein Hauptton tritt allmählich in den Melodien hervor. Wir nennen ihn jetzt Tonika. Es gibt für uns keine Melodie und keinen Akkord ohne Beziehung auf diesen Hauptton. Sobald wir einen Ton auf eine andere Tonika beziehen, verändert er seinen musikalischen Charakter. Aber diese straffe Zentralisierung, diese bestimmte Stellung des Hauptones als des tiefsten der Leiter und diese seine harmonischen und melodischen Funktionen sind späte Errungenschaften.

Ferner bilden sich allmählich immer festere Leitern innerhalb des Oktavenbezirkes, wobei die fünfstufigen und siebenstufigen die allgemeinste Verbreitung erringen. Diese Leiterbildungen erfolgen nach verschiedenen Gesichtspunkten, und es sind vorzüglich zwei Wege, die man einschlägt. Einmal die folgerichtige Durchbildung des Konsonanzprinzips, indem man reine Quinten und Quarten, viel später auch reine Terzen zur Gewinnung neuer Intervalle und zur genauen Fixierung der Schritte verwendet. Sodann aber das Distanzprinzip. Bei diesem fragt man nur: welcher Ton liegt zwischen zwei gegebenen in der Mitte? So können wir innerhalb der Quarte oder Quinte einen Ton einschalten und erhalten im ersten Falle einen zu großen Ganzton, im zweiten Falle eine neutrale Terz. Daß man tatsächlich auch so vorgegangen ist, wurde zuerst durch die Untersuchung der siamesischen und javanischen Musik festgestellt. Es entstehen auf diesem Wege gleichstufige Leitern (ohne den Unterschied der ganzen und halben Töne). Es gibt fünfstufige wie siebenstufige Leitern dieser Art, die keinen einzigen Ton mit der unsrigen gemeinsam haben und einem feinen europäischen Ohre gänzlich verstimmt erscheinen[29]. Aber das sind natürlich nicht mehr Anfangsstadien, sondern weit fortgeschrittene Kulturschöpfungen, nur von anderer Art als die unsrigen. Man kann in diesen nach dem Prinzip des bloßen Tonabstandes gebildeten Leitern eine Fortführung jener Anfänge erblicken, wie wir sie bei den Wedda fanden, der Bildung kleiner Tonstufen ohne Rücksicht auf Konsonanz, nur auf Grund eines annähernd gleichgeschätzten Unterschiedes der Tonhöhen. Auch diese Wurzel also hat getrieben, und es ist die Fähigkeit zur Wiedererkennung distanzgleicher Stufen zur Virtuosität entwickelt, wie bei uns die zur Erkennung und Unterscheidung der Konsonanzgrade. Aber doch nicht für sich allein und nicht nur aus eigener Kraft. Denn die Siamesen und Javaner gehen doch immer wenigstens von der Oktave aus. Diese bildet den Rahmen, innerhalb dessen dann die Stufen in bestimmter Anzahl nach dem Distanzprinzip abgeteilt werden. Wahrscheinlich sind indirekt doch sogar auch Quinte und Quarte beteiligt [30]. Es gibt also keine ausgebildeten Leitern, die **nur** auf das Distanzprinzip gegründet wären.

Drittens entwickeln sich sehr verschiedene Stile des Melodienbaues. Während er bei Naturvölkern vielfach dem unsrigen ähnelt, auch die siamesische Melodik uns durchaus verständlich ist, zeigte kürzlich die Analyse phonographischer Aufnahmen von südchinesischen Musikstücken Prinzipien der Bildung und Umbildung von Melodien, die für unseren Geschmack unmöglich wären (Herausnehmen einzelner Takte, Ersetzen von einzelnen Tönen durch ihre Quinten u. dgl.) [31]. Vielleicht sind dies Produkte einer verfallenden Kunst, aber so oder so erscheinen sie uns ganz fremdartig und seltsam.

Endlich finden sich Unterschiede in der Anwendung gleichzeitiger Töne und Tonfolgen. Was wir davon schon erwähnten, gehört noch zu den relativ ursprünglichen Erscheinungen. Dagegen ist bei den Kulturvölkern Asiens eine Art der Vielstimmigkeit zum System ausgebildet, die von der unsrigen durchaus verschieden ist. Es gibt in China,

Japan, Hinterindien und den Sundainseln ganze Orchester, die eine Melodie ungefähr so vortragen, als wenn mehrere Variationen eines Themas zu gleicher Zeit statt nacheinander gespielt würden. Das eine Instrument trägt das Thema unverändert vor, das andere gibt mehr oder weniger freie Umschreibungen. Aber im ganzen klingt doch die Grundmelodie durch. Dabei kommen natürlich für unser Ohr, wenn man genauer analysiert, schlimme Zusammenklänge vor. Da aber jene Völker das Harmoniegefühl überhaupt nicht entwickelt haben, finden sie sich durch solche Zusammenklänge nicht unangenehm berührt. Ich habe diese Art der Vielstimmigkeit gegenüber der harmonischen Musik als **Heterophonie** bezeichnet, in Erinnerung an einen Ausdruck, den Plato bei der Beschreibung einer gewissen mehrstimmigen Musikübung im alten Griechenland einmal gebraucht. Und es ist in der Tat wohl möglich, daß die siamesische und japanische Musik uns ein Bild von dieser Form altgriechischer Musikübung geben[32]. Demgegenüber ist nun unsere gegenwärtige europäische Musik, obgleich sie im einzelnen verwandte Erscheinungen aufweist, durch und durch auf das Akkordsystem gebaut, das der folgerichtigen und ausschließlichen Durchführung des Konsonanzprinzips entsprungen ist. Und eben darum, weil sie das Urphänomen, aus dem die Musik überhaupt entsprungen ist und worin ihr

Kern und Lebenselement besteht, weil sie diese Grundtatsache am reinsten und vollendetsten zur Erscheinung gebracht und daraus das Stilprinzip für den ganzen imposanten Bau hergenommen hat, darum dürfen wir sie ohne Engherzigkeit auch vom völkerpsychologischen und entwicklungsgeschichtlichen Standpunkt als die bisher höchste Erscheinungsform der Musik bezeichnen.

Ich möchte damit einem Mißverständnisse begegnen, dem vergleichende Untersuchungen dieser Art zuweilen ausgesetzt sind: als sollte aller Wertunterschied geleugnet oder gar das Primitive als Muster zur Nachahmung hingestellt werden. Dieser Rousseausche Ungedanke, der in ästhetischen wie ethischen Diskussionen bei Enthusiasten immer noch zu finden ist, steht geradezu in Widerspruch mit dem Entwicklungsgedanken. Wir wollen uns doch nicht wieder rückwärts entwickeln. Das goldene Zeitalter liegt nicht hinter uns, sondern vor uns, so wenigstens hoffen und wünschen wir. Wenn wir in anscheinend tierisch-rohen Produkten ursprünglichen Menschentums doch schon die wesentlichen Kennzeichen menschlicher Geistesarbeit erblicken, wenn die liebevolle Versenkung in das Einfachste, die „Andacht zum Kleinen", uns auch darin eine Struktur, ein Zusammenfassen von Teilen, ein verschiedenes Bewerten der einzelnen Teile, ein Übertragen gleicher Verhältnisse auf verschiedenartiges

Material, kurz alle Merkmale geistiger Durchdringung des Stoffes offenbart, so verlieren wir damit nicht, sondern gewinnen erst den rechten Maßstab für die Schätzung späterer Kulturen. Alles wahrhaft Große wird durch Vergleichen und Verstehen nur größer. Die vergleichende Kunstbetrachtung führt zur Gerechtigkeit und Objektivität des Urteils, indem sie eine ungeahnte Mannigfaltigkeit möglicher Kunststile in den Gesichtskreis rückt, sie kann dadurch sogar dem schaffenden Künstler Nahrung geben (man denke nur an die Anregungen, die sich Goethe und unsere neueren Maler aus dem Orient holten): aber sie zeigt zugleich himmelweite Abstände in der Durchführung der eingeschlagenen Wege und ungleiche Fruchtbarkeit der verschiedenen Kunstprinzipien. Unter vielen an sich gleich möglichen und gleich berechtigten Arten der Kunstübung führen eben doch nur wenige zu reicherer Blütenfülle. So lernen wir die herrliche letzte Epoche der Tonkunst erst recht schätzen und zugleich der — in jedem Sinne des Wortes — unergründlichen künstlerischen Zeugungskraft vertrauen, die selbst nach den erhabensten Schöpfungen der Vergangenheit noch immer auf neuen Bahnen neue Wunderwerke erstehen ließ.

Anmerkungen.

1 (S. 8) Der Begründer der vergleichenden Musikwissenschaft nach exakt-naturwissenschaftlicher Methode ist Alexander J. Ellis, der in seiner Abhandlung „On the Musical Scales of Various Nations", Journ. of the Society of Arts, Vol. XXXIII, 1885 zuerst umfangreiche Messungen an exotischen Musikinstrumenten, die von Eingeborenen gespielt und als gut gestimmt bezeichnet wurden, veröffentlichte und zur Vergleichung der Ergebnisse die Cents-Berechnung (nach Hundertstel der temperierten Halbtonstufe) eingeführt hat. Auch Gehörsprüfungen an exotischen Musikern hat er bereits vorgenommen. Über seine Abhandlung (von der Separata kaum mehr zu bekommen sind) habe ich in der Vierteljahrschr. f. Musikwissenschaft II, 1886, ausführlich berichtet. Ellis' Untersuchungen bezogen sich allerdings weniger auf Naturvölker als auf die exotischen Kulturnationen; aber die Genauigkeit seiner Bestimmungen ist vorbildlich geworden und muß auch gegenüber den Naturvölkern festgehalten werden, sei es auch nur, um die Grenzen zu ermitteln, innerhalb deren dort überhaupt eine feste Intonation besteht.

Eine sichere Grundlage für die Erforschung der Melodien haben wir erst einige Jahre später durch die Anwendung der phonographischen Methode (B. J. Gilman 1891 auf Grund der Aufnahmen von W. Fewkes) erhalten. Seitdem hat die Verwertung dieses Hilfsmittels große Dimensionen angenommen.

Über die Zwecke und die Entwickelung des Berliner wissenschaftlichen Phonogrammarchivs, das vorläufig im Psychologischen Institut der Universität aufbewahrt und verwaltet wird, gibt bis zum Anfang des Jahres 1908 mein Artikel „Das Berliner Phonogrammarchiv" (s. u. Nr. 13) Aufschluß. Darin sind auch einige in der gegenwärtigen Abhandlung besprochene Fragen schon berührt, neben anderen, die mit Hilfe phonographischer Aufnahmen untersucht werden können. Inzwischen ist die Beteiligung von Forschungsreisenden und die Zahl der eingelieferten Walzen noch erheblich gestiegen, so daß letztere schon über 3000 beträgt. Die Reisenden bekommen eine genaue Instruktion über die bei den Aufnahmen zu beobachtenden Maßregeln, wodurch die wissenschaftliche Verwertbarkeit der Aufnahmen gewährleistet wird (s. u. Nr. 17). Von den leicht vergänglichen Wachswalzen werden auf galvanoplastischem Wege Metallmatrizen hergestellt, die die beliebige Anfertigung von Kopien ermöglichen. Durch solche Kopien sind aus der hiesigen Sammlung andere in Köln, Lübeck, Leiden, Stockholm ganz oder teilweise begründet worden. Unser Archiv ist aber gleichfalls durch Kopien, namentlich aus Amerika, vermehrt.

In Wien besteht bereits seit 1900 ein von der Akademie der Wissenschaften auf Anregung S. Exners begründetes und von der Regierung unterstütztes Phonogrammarchiv (s. die jährlichen Berichte in den Akademieschriften) mit einer großen Sammlung von Aufnahmen in Plattenform, die mittels eines besonderen „Archivphonographen" hergestellt sind, sich jetzt aber auch auf Walzen übertragen lassen. Andere Sammlungen sind in Frankreich, England, Rußland und Amerika entstanden.

Natürlich ist nicht die Sammlung sondern die Verwertung letztes Ziel. Die Melodien müssen Note für Note nach Tonhöhe und Rhythmus bestimmt werden. Dies ist eine sehr mühsame Aufgabe; aber sie ist betreffs der Tonhöhen mit physikalischer Exaktheit lösbar. Für den Rhythmus gibt es auch mancherlei Hilfsmittel, um schließlich auch fremdartige und komplizierte Rhythmen festzulegen. In allen Fällen aber ist eine langjährige Übung und größte Gewissenhaftigkeit erforderlich.

Mit der Untersuchung der Musikstücke muß die der etwaigen Instrumente Hand in Hand gehen. Für die Erkenntnis des in den Musikstücken vorkommenden Tonmaterials, der „Leitern", wenn solche vorhanden sind, haben Messungen an Instrumenten mit hinreichend festen Tonhöhen sogar größere Bedeutung. Die vielverbreiteten Panpfeifen und die Xylophone und Metallophone sind dazu besonders geeignet.

Im folgenden versuche ich die wesentlichsten neueren Beiträge zur Kenntnis exotischer Musik zusammenzustellen, soweit sie auf eigenes Hören der Verfasser gegründet und mit hinreichender Zuverlässigkeit durchgeführt sind.

I. Noch vor der phonographischen Ära ist über Indianermusik eine sorgfältige Studie erschienen, die heute noch als Quelle mitbenützt werden kann, da der Verfasser beim Abhören der Gesänge den musikalischen Eigentümlichkeiten viel mehr Beachtung geschenkt und sie detaillierter beschrieben hat, als es vorher üblich war:

Th. Baker: Über die Musik der nordamerikanischen Wilden. 1882.

Dann habe ich selbst einmal versucht, die Lieder einer von Kapitän Jacobsen mitgebrachten Indianertruppe nach vielmaligem Vorsingen durch den Hauptsänger mit Rücksicht auf die genaue Intonation jeder Note zu fixieren, und glaube auch die eigentümlichen Abweichungen der Intonation von der unsrigen in der beigefügten Beschreibung richtig charakterisiert zu haben:

C. Stumpf: Lieder der Bellakula-Indianer, Vierteljahrschr. f. Musikwissenschaft II, 1886.

Aber zu einer derartigen Vertiefung in das Detail jeder Melodie pflegen sich Forschungsreisende nicht die Zeit zu nehmen, auch nicht dazu vorgebildet zu sein. Außerdem fehlt bei Notierungen nach direktem Vorsingen im allgemeinen die Möglichkeit der Nachprüfung und die des Herausgreifens beliebiger kleinster Abschnitte, wodurch man Melodien wie Naturobjekte untersuchen kann. Hierin liegt der unendliche Vorteil der phonographischen Methode.

Unter den vor-phonographischen Aufzeichnungen primitiver Melodien erwähne ich noch:

Fr. Boas: The Central Eskimo. Bureau of Ethnology, 6. Annual Report 1888. Im Anhang sind eine Anzahl Melodien wiedergegeben. Ebenso in der Abhandlung über die nordwestlichen Indianerstämme von Kanada, Britisch Association, Report for 1890. Der Verfasser ist als ausgezeichneter Beobachter bekannt. Doch scheint er auf die Abweichungen der Intonation nicht so sehr wie auf die Eigentümlichkeiten der Rhythmik und Struktur geachtet zu haben, da über jene nichts näheres bemerkt ist. Später hat er die phonographische Methode angewandt (s. u.). Ebenso:

(Miss) A. C. Fletcher: A Study of Omaha Indian Music (mit J. C. Fillmore), Archaeol. and Ethnol. Papers of the Peabody Museum Vol. I, 1893.

II. In Amerika hat B. J. Gilman auf Grund phonographischer Aufnahmen drei lehrreiche Abhandlungen veröffentlicht:

Gilman: Zuñi Melodies, Journal of American Archaeology and Ethnology Vol. I, 1891 — die erste Untersuchung, die überhaupt nach dieser Methode gemacht ist. Dazu vgl. meine Abhandlung: Phonographierte Indianermelodien, Vierteljahrsschr. für Musikwissenschaft VIII, 1892.

Gilman: Some Psychological Aspects of the Chinese Musical System, Philosophical Review I, 1892.

Gilman: Hopi Songs, Journ. of American Archaeology V, 1908.

Reiches phonographisches Material sodann bei:

Fr. Boas: The Social Organisation and the Secret Societies of the Kwakiutl Indians. U. S. A. National Museum, Report for 1895 (1897).

Fr. Boas: Songs of the Kwakiutl Indians. Internationales Archiv f. Ethnographie IX, 1896.

A. C. Fletcher: The Hako, a Pawnee Ceremony. Bureau of American Ethnology, 22. Report, 1903.

(Miss) Fr. Densmore: Chippewa Music. Bureau of American Ethnology, Bull. 45, 1910.

Natalie Curtis hat in ihrer großen Sammlung „The Indians Book" (1907) den Phonographen leider als „inadaequat und unnötig" verschmäht und damit für ihre Aufzeichnungen, wenn sie auch sonst einen vertrauenswürdigen und technisch sauberen Eindruck machen, jede Kontrolle, auch ihre eigene, abgeschnitten. Mindestens wären mehr Angaben über die Eigentümlichkeiten der Intonation, der Rhythmik und des Vortrags erwünscht. Glücklich und verdienstlich scheint mir die überall durchgeführte Strukturanalyse der Melodien, die in der Form ihrer Wiedergabe zum Ausdruck kommt.

III. Folgende Arbeiten, auf die unsere Darstellung sich hauptsächlich stützt, sind bisher aus dem Berliner Phonogramm-Archiv hervorgegangen (sie werden später mit „Ph.-A. Nr...." zitiert):

1. C. Stumpf: Tonsystem und Musik der Siamesen. Beiträge zur Akustik u. Musikwissenschaft, herausg. von C. Stumpf, Heft 3, 1901.

2. O. Abraham und E. v. Hornbostel: Studien über das Tonsystem und die Musik der Japaner. Sammelbände der Internat. Musikgesellschaft IV (1902).

3. Abraham und v. Hornbostel: Phonographierte indische Melodien. Ebenda V (1904).

4. F. v. Luschan: Einige türkische Volkslieder und die Bedeutung phonographischer Aufnahmen für die Völkerkunde. Zeitschr. f. Ethnologie Bd. 36 (1904) Heft 2.

5. Abraham und v. Hornbostel: Phonographierte türkische Melodien. Ebenda.

6. Dieselben: Über die Bedeutung des Phonographen für die vergleichende Musikwissenschaft (mit Diskussionsbericht aus der Berliner Anthropolog. Gesellschaft). Ebenda.

7. Dieselben: Über die Harmonisierbarkeit exotischer Melodien. Sammelbände der Internat. Musikgesellschaft VII (1905).

8. v. Hornbostel: Die Probleme der vergleichenden Musikwissenschaft. Zeitschr. d. Int. Musikges. VII (1905).

9. v. Hornbostel: Phonographierte tunesische Melodien. Sammelb. d. Int. Musikges. VIII (1906).

10. Abraham und v. Hornbostel: Phonographierte Indianermelodien aus Britisch-Columbia. In: Boas Memorial Volume 1906.

11. v. Hornbostel: Über den gegenwärtigen Stand der vergleichenden Musikwissenschaft. Ber. üb. d. II. Kongr. d. Int. Musikges. 1907, S. 56 ff.

12. v. Hornbostel: Notiz über die Musik der Bewohner von Süd-Neu-Mecklenburg. In: Stephan und Graebner, Neu-Mecklenburg. 1907.

13. C. Stumpf: Das Berliner Phonogrammarchiv. Internat. Wochenschrift für Wissenschaft usw. 22. Februar 1908.

14. v. Hornbostel: Phonographierte Melodien aus Madagaskar und Indonesien. In: „Forschungsreise S. M. S. Planet 1906/7". V. Band. 1908.

15. E. Fischer: Patagonische Musik. Ztschr. „Anthropos" III (1908).

16. v. Hornbostel: Über die Musik der Kubu. In: B. Hagen, Die Orang-Kubu auf Sumatra. 1908.

17. Abraham und v. Hornbostel in den „Anleitungen für ethnographische Beobachtungen und Sammlungen." Herausgeg. vom Kgl. Museum f. Völkerkunde, Berlin. 1908. Abteilung L: Musik.

18. Abraham und v. Hornbostel: Vorschläge für die Transskription exotischer Melodien. Sammelb. d. Int. Musikges. IX (1909).

19. v. Hornbostel: Wanyamwezi-Gesänge. Ztschr. Anthropos IV (1909).

20. M. Wertheimer: Musik der Wedda. Sammelb. d. Int. Musikges. XI (1909).

21. v. Hornbostel: Über Mehrstimmigkeit in der außereuropäischen Musik. Bericht über den III. Kongreß der Internat. Musikgesellschaft. 1909. S. 298 ff.

22. v. Hornbostel: Über einige Panpfeifen aus Nordwestbrasilien. In: Th. Koch-Grünberg, 2 Jahre unter den Indianern, 2. Bd., 1910.

23. v. Hornbostel: Über vergleichende akustische und musikpsychologische Untersuchungen. Ztschr. f. angewandte Psychologie III (1910).

24. v. Hornbostel: Abschnitt „Musik" in R. Thurnwald, Im Bismarckarchipel und auf den Salomoinseln. Ztschr. f. Ethnol. Bd. 42. 1910. S. 140 ff.

25. v. Hornbostel: Wasukuma-Melodie. Bulletin de l'Académie des Sciences de Cracovie. Sc. naturelles. 1910.

26. v. Hornbostel: U. S. A. National Music. Ztschr. d. Internat. Musikgesellschaft. XII (1910).

27. v. Hornbostel: Notizen über kirgisische Musikinstrumente und Melodien. In: R. Karutz, Unter Kirgisen und Turkmenen. 1911.

28. Stumpf und v. Hornbostel: Über die Bedeutung ethnologischer Untersuchungen für die Psychologie und Ästhetik der Tonkunst. Bericht über den IV. Kongreß für experimentelle Psychologie, herausg. v. F. Schumann. 1911. Auch in Stumpfs Beiträgen zur Akustik und Musikwissenschaft Heft 6.

29. E. Fischer: Beiträge zur Erforschung der chinesischen Musik. Sammelb. d. Internat. Musikges. XII (1911).

30. v. Hornbostel, Über die Musik auf den deutschen Salomon-Inseln. In: Thurnwald, Ethnograph. Forschungen in Buin auf Bouginville. (Im Druck.)

IV. Außerdem liegen phonographisch fundierte Arbeiten europäischer Autoren über Naturvölker vor von:

G. Adler: Sokotri-Musik. In D. H. Müller, Die Mehri- und Sokotrisprache. Südarabische Expedition der Kais. Akademie d. Wissensch. Bd. VI. 1905.

P. Fr. Witte: Lieder und Gesänge der Ewe-Neger. Ztschr. Anthropos I (1906), S. 65 ff., 194 ff.

W. Thalbitzer und Hj. Thuren: Musik aus Ostgrönland. Zeitschrift der Internat. Musikgesellschaft XII, Heft 2 (1910).

Ch. S. Myers: Abschnitt „Music" in C. G. und B. Z. Seligmann, The Veddas, 1911.

Die phonographische Methode ist aber in Europa mehrfach auch zur Aufnahme alter Volksgesänge verwendet worden, die das Material der vergleichenden Musikwissenschaft in einer wichtigen Richtung erweitern. Ich erwähne unter den Publikationen besonders:

Frau E. Lineff: The Peasant Songs of Great Russia I 1905, II 1909.

F. Kolessa: Ruthenische Volkslieder, in den Mitteilungen der Ševčenko-Gesellsch. d. Wissensch. 1906—1911.

Hjalmar Thuren: Folkesangen, Kopenh. 1908.

A. Launis: Lappische Juoigos-Melodien. 1908.

F. Kolessa: Über die sog. Kosakenlieder (der Kleinrussen), Bericht über den III. Kongreß d. Intern. Musikgesellsch. 1909. S. 276 ff.

V. In neueren Monographien und Reisewerken haben, auch wenn keine phonographischen Aufnahmen gemacht wurden, doch wenigstens die Postulate kritischer Forschung mehr Beachtung gefunden als früher. Ich nenne z. B. die Studie von Fr. Densmore: The Music of the Filipinos, American Anthropologist Vol. VIII (1906), p. 611 ff. J. Schönhärl: Volkskundliches aus Togo (1909). H. Rehse: Kiziba (am Westufer des Viktoria-Nyanza), Land und Leute, 1910.

VI. Als übersichtliche Zusammenstellungen der von der musikalischen Ethnologie bisher gewonnenen allgemeinen Gesichtspunkte seien noch erwähnt:

Charles S. Myers: The Ethnological Study of Music. Anthropological Essays presented to E. B. Tylor, 1907.

B. J. Gilman: The Science of Exotic Music, Ztschr. Science N. S. XXX, 15. Oct. 1909.

Wie wenig man sich auf die zahlreichen, in Reisewerken mitgeteilten unkontrollierbaren Notierungen verlassen kann, mögen zwei Beispiele aus neuester Zeit erläutern. Ein so berühmter Psychologe wie W. Wundt gibt in seiner Völkerpsychologie (III² 468) vier Proben primitiver Gesänge, von denen die dritte und vierte, so wie sie dastehen, unmöglich echt sein können. (Über die erste s. u. Anm. 27.) Sie lauten:

Australische Melodie.

(Nach Lumholtz, Unter Menschenfressern, S 59.)

Negermelodie.

(Nach Schweinfurth, Im Herzen von Afrika I, S. 450.)

Von der letzten sagt Wundt selbst, sie sei unserem Melodiegefühl schon homogener. In Wahrheit unterscheiden sich die beiden Melodien (den Schluß der ersten ausgenommen) in keiner Beziehung von unseren populären Weisen. Die erste, die so wenig nach Menschenfressern klingt, ist im Original von Lumholtz noch dazu mit „Tempo di Valse. Allegro" überschrieben. Stückweise klingt sie in der Tat z. B. an den Hauptwalzer aus Oskar Strauß' Operette „Walzertraum" an. So wie sie hier steht, wird jeder Sachverständige sagen, daß sie ebensowenig bei den Ureinwohnern Australiens entstanden sein kann, wie etwa ein silberner Suppenlöffel oder eine Schreibmaschine. Ob sie nun aus Gegenden, die schon unter europäischem Einfluß stehen, dahin gewandert ist, oder ob Lumholtz beim Aufschreiben einer echt australischen Weise sein europäisches Gehör einen Streich gespielt hat, muß dahingestellt bleiben. Wahrscheinlich haben beide Faktoren zusammengewirkt. Lumholtz sagt Seite 198 seines Werkes, ein gutes Lied wandere von Stamm zu Stamm, und ein bestimmtes Lied (ähnlich dem hier zitierten) habe er später von den zivilisierten Schwarzen bei Rockhampton, 500 Meilen in gerader Linie südlich vom ersten Orte singen hören. Ursprünglich sei es wahrscheinlich in der Gegend von Rockhampton entstanden und habe diesen langen Weg gemacht, bevor es in die Berge von Herbert River kam, wo es nun gesungen werde, ohne daß man auch nur die Worte verstehe. Unter solchen Umständen ist es gewiß denkbar, daß auch europäische Gesänge einen so langen Weg gemacht haben. (Was in dieser Hinsicht vorkommt, sieht man daran, daß v. Hornbostel kürzlich auf einem bei den Kirgisen im westlichen Turkistan aufgenommenen Phonogramm unser „Fuchs, du hast die Gans gestohlen" fast ganz unverändert vorgefunden hat; nur die große Septime war in die kleine verwandelt. Ph.-A. Nr. 27.) Einiges mag aber auch das europäische Ohr hinzugetan, es mag das Gehörte „assimiliert" haben; nur den Schluß, nämlich das lange Verweilen auf dem tiefen Grundton, halte ich für ein echtes Produkt, da wir diese Gewohnheit sehr häufig bei Primitiven finden (während Wundt gerade „das gänzliche Fehlen eines melodischen Abschlusses" charakteristisch findet). Auch Lumholtz sagt: „Den letzten Ton recht lang anhalten zu können, gilt als Fertigkeit in der Kunst des Gesanges".

Da mir das Beispiel aus Schweinfurths Buch nicht minder erstaunlich schien, bat ich den großen Afrikaforscher brieflich um Auskunft, auf welche Weise er dieses Lied in Noten gebracht habe, und ob es nicht etwa in jene Gegend eingewandert sein könne. Er antwortete (27. XII. 1905): „Die Melodie ist von mir so wiedergegeben worden, wie sie meinem Ohr erschien. Vielleicht wurde die Melodie unbewußt in demselben europäisch stilisiert. Damals machte sie auf mich einen tiefen Eindruck. Ich habe sie oft vor mir hergesummt auf meinen Wanderungen; es war von jeher meine Gewohnheit, alle Melodien, deren ich habhaft werden konnte, auf dem Marsche zu markieren. Daher glaube ich wohl, sie später ziemlich getreu wiedergegeben zu haben. Ein rhythmischer Gesang von 100 Stimmen muß doch wohl eine dominierende Melodie haben, eine Diagonale, und diese habe ich in dieser Art erfaßt.... Die Notierung der Melodie ist damals (als ich mein Buch schrieb) in Gemeinschaft mit meinem verstorbenen Bruder Alexander (den A. Dorn einen Musiker durch und durch genannt hat) entstanden. Ich habe ihm den Gesang wiederholt vorgeführt; man konnte denselben nicht anders zum Ausdruck bringen."

Damit ist meines Erachtens alles Nötige gesagt. Der Bericht ist sicherlich typisch für äußerst zahlreiche Fälle. Welche Wandlungen muß eine Melodie erleiden, wenn man sie auf langen Märschen vor sich hin summt, und vollends wenn sie nach dieser ersten unabsichtlichen Bearbeitung auch noch von einem durch und durch musikalischen Europäer, der vielleicht niemals exotische Weisen im Original gehört hat, in Noten gesetzt wird! Ich will dem hochverdienten Forscher, der vor der Erfindung des Phonographen reiste und schrieb und die genaue Aufzeichnung an Ort und Stelle sich nicht zutraute, keinen Vorwurf machen. Aber was er als Garantien für treue Überlieferung ansieht, ist das Gegenteil davon. Zum Überfluß macht mich Kollege M. Friedländer aufmerksam, daß es ein altes Soldatenmarschlied gibt, das eine verdächtige Verwandtschaft mit diesem auf Märschen nachgesungenen Mitu-Liede darbietet:

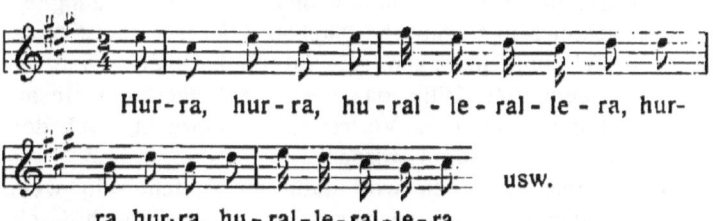

(Liederkranz von Erk, Ausgabe für Berliner Gemeindeschulen I, Nr. 115, S. 106. Vgl. Soldatenliederbuch, herausgegeben von Hauptmann Maschke, 1906, Nr. 189.)

Gewiß hat die ursprüngliche Mitu-Melodie eine Ähnlichkeit und vielleicht sogar eine starke Ähnlichkeit mit der von Schweinfurth veröffentlichten. In Afrika haben sich viele solche Weisen mit kurzen zweiteiligen Rhythmen gefunden, auf die man auch Hurra singen könnte. Ich behaupte nur, daß von einer wissenschaftlichen Genauigkeit der Wiedergabe unter den obigen Umständen nicht gesprochen werden kann. Kaum kann es einen besseren Beweis als die beiden Wundtschen Musterbeispiele geben, wie unerläßlich phonographische Aufnahmen an Ort und Stelle sind, und wie wenig es außerdem nützt, in Sachen der Völkerpsychologie sich nur aus Büchern Rat zu holen.

Keineswegs möchte ich so weit gehen, die Notierungen an Ort und Stelle nach dem bloßen Gehör, wie wir sie in so vielen früheren Reisewerken finden, als überhaupt unbrauchbar zu verwerfen. Vielmehr werden wir auch jetzt noch, oder besser gesagt erst jetzt, öfters einen guten Gebrauch von solchen Notenbeispielen machen können. Aber nur unter der Bedingung, daß der sie Benützende vorher durch eigenes Hören nach phonographischen Aufnahmen und nach der Natur (es kommen ja genug exotische Gäste in die Hauptstädte Europas, freilich dürfen sie nicht schon europäisiert sein), sich ein Bild dessen gemacht hat, was in Wirklichkeit vorkommt; daß ferner in den benützten Reiseberichten selbst die Umstände, unter denen der Reisende die Notierungen vorgenommen, die Methode der Notierung oder nähere Angaben über Details eine gewisse Sicherheit für die annähernd richtige Wiedergabe bieten. Gewöhnlich geben allerdings die Reiseberichte gar keine Anhaltspunkte dieser Art, und häufig erwecken schon rein technische Nachlässigkeiten in der Notation Zweifel und Bedenken. Es ist höchste Zeit, daß das Maß gewissenhafter Kritik, das die neue Völkerkunde in anderen Gebieten von ihren Vertretern beansprucht, auch dem Gebiete der Musik zuteil werde.

Die größte Sicherheit wird natürlich erreicht sein, wenn der Forschungsreisende selbst akustisch-psychologisch durchgebildet ist, wenn er das ganze Musikwesen der Eingeborenen an Ort und Stelle studiert, zugleich phonographische Aufnahmen macht und diese dann nach der Rückkehr selbst wissenschaftlich bearbeitet. Aber das wird nur ausnahmsweise der Fall sein können.

Von den Anhängern der alten Methode, sagen wir des alten Schlendrians, ist der exakten Wiedergabe exotischer und primitiver Gesänge nach dem Phonographen der Vorwurf zwecklos übertriebener Genauigkeit gemacht worden, da die Intonation der „Wilden" eine viel zu schwankende sei, als daß sich Notierungen mit diakritischen Zeichen für die von den unsrigen abweichenden Intervalle oder gar Messungen der Tonhöhen in Schwingungszahlen verlohnten. Diesen Punkt habe ich selbst bereits 1892 gelegentlich der ersten Veröffentlichung nach Phonogrammen durch Gilman, lange vor unseren Kritikern H. Riemann und Wallaschek, besprochen. Es folgt aus solchen Schwankungen natürlich nicht, daß man der alten Notierungsweise ein größeres Vertrauen schenken dürfe als der neuen. Es folgt nur, daß man bei der Deutung des phonographisch aufgenommenen Materials die unvermeidlichen Schwankungen mit in Rechnung ziehen und nicht ohne weiteres alle Abweichungen von den diatonischen Leitern für irgendwelche neuen und unerhörten Skalen in Anspruch nehmen darf. Aber unsere Messungen dienen gerade auch zur Feststellung des Umfangs, innerhalb dessen Schwankungen bei bestimmten Stämmen oder einzelnen Sängern vorkommen. Zu diesem Behufe sind die Forschungsreisenden instruiert, des öfteren den nämlichen Gesang von mehreren Individuen, auch zu verschiedener Zeit von demselben Individuum aufzunehmen. Ferner hat, schon ehe solche Einwände erhoben wurden, Dr. Abraham begonnen, die Schwankungsbreite der Intonation unserer eigenen Intervalle während eines Liedes bei unseren eigenen Sängern, Kunst- wie Natursängern, festzustellen, um einen Maßstab zu haben, in welchen Grenzen und mit welcher Konstanz hinsichtlich der Richtung solche Abweichungen vorkommen. Sie haben sich recht groß gefunden. Aber es ist noch nicht einmal gesagt, daß sie bei Naturvölkern durchweg ebensogroß oder größer sein müssen. Gewisse Töne und Intervalle ihrer Weisen scheinen sie vielmehr mit großer Genauigkeit zu wiederholen, während bei anderen Tönen und Intervallen starke Varianten vorkommen. Das alles kann nur auf dem eingeschlagenen Wege untersucht werden. Vielleicht wird sich einmal herausstellen, daß wir wirklich in manchen Fällen veränderliche und willkürliche Tongebungen mit überflüssiger Liebesmühe fixiert haben. Nur von vornherein darf man dies nicht voraussetzen, und noch immer war übertriebene Genauigkeit das geringere Übel gegenüber kritikloser Leichtfertigkeit.

2 (S. 8) Die Theorien Darwins und Spencers habe ich ausführlicher besprochen in der Abhandlung „Musikpsychologie in England. Betrachtungen über Herleitung der Musik aus der Sprache und aus dem tierischen Entwicklungsprozeß, über Empirismus und Nativismus in der Musiktheorie". Vierteljahrsschrift für Musikwissenschaft I, 1885.

3 (S. 12) Man findet von alten Autoren mit großer Vorliebe die Wirkungen der Musik auf Tiere (Elefanten, Spinnen usw.) geschildert, wobei eine fürchterliche Menge unbeglaubigter Anekdoten bis zurück zu den assyrischen Königen aufgetischt wird. Neuerdings hat wieder Mario Pilo ganz unkritischen Gebrauch davon gemacht; und daß man sein Buch für wichtig genug hielt, ins Deutsche übertragen zu werden, zeigt, wie wenig auch bei uns das Urteil noch entwickelt ist. Mehr Gewicht hat, was ein Forscher wie August Weismann über die Musikliebe von Katzen und Hunden gelegentlich sagt (Gedanken über Musik bei Tieren und bei Menschen. Deutsche Rundschau 1890, S. 67). Aber die Erklärung des bezüglichen Verhaltens von Tieren scheint mir äußerst schwierig. Wenn der Hund bei der Musik heulend sitzen bleibt — was geht eigentlich in ihm vor? Welchen Zweck hat das Heulen mit emporgestrecktem Kopf? Und was ist es, das bei der Gehörsreizung vom Hunde, sei es angenehm, sei es unangenehm, empfunden wird? Hat es mit Intervallen, Akkorden, Modulationen, mit rhythmischer Gliederung etwas zu tun? Dies scheint mir ausgeschlossen. Über die wirkliche Qualität seiner Gefühlsempfindung liegen beweiskräftige Beobachtungen bisher nicht vor.

Untersuchen wir die Tongebung der Tiere selbst, so finden sich deutliche Intervalle im allgemeinen nur bei den Vögeln, während bei dem Geschrei der Säugetiere die einzelnen Töne sich gewöhnlich nicht hinreichend scharf voneinander unterscheiden und ihre Höhe nicht so genau beibehalten.

Allerdings singt bei Athanasius Kircher ein amerikanisches Faultier die C dur-Leiter von c bis a und zurück, und einmal soll, wie seit Waterhouse und Darwin immer wieder ernsthaft versichert wird, ein Gibbonaffe sogar eine ganze chromatische Tonleiter auf und ab exakt gesungen haben, was für einen gebildeten menschlichen Sänger schon zu den schwereren Aufgaben gehört. Ja ein Pferd hätte diese Aufgabe durch sein Wiehern und eine Kuh durch ihr Brüllen gelöst, wenn wir den Noten glauben wollen, die ein amerikanischer Beobachter aufgeschrieben:

(A. P. Camden Pratt bei Th. Wilson, Praehistoric Art, Smithsonian Institution, Ann. Rep. 1896 [Washington 1898], p. 516.)

Auf diese Weise kann man freilich alles in Noten setzen, auch das I-A des Esels, das Sausen des Sturmes und das Knarren der Stiefel. Aber mit solchen Kindereien sollte man wissenschaftliche Bücher nicht verunzieren. Daß die Stimmbewegung des wiehernden Pferdes von oben nach unten verläuft, wird wohl richtig sein und mit denselben physiologischen Bedingungen zusammenhängen, die auch den Juchzer und so viele primitive Melodien (s. unsere Beispiele) hoch beginnen und tief endigen lassen. Aber eine so schöne chromatische Leiter — nein!

Besser lassen sich gewisse Vogelweisen aufschreiben. Neben ganz wildem Zwitschern und Schreien finden wir da auch Motive, die uns einen unleugbar melodischen Eindruck machen, melodischer als manche Sangesweisen der Naturvölker. Das Krähen des Hahnes, der Kuckucksruf sind leicht notierbar (obschon verschiedene Individuen verschieden intonieren). Gelegentlich hört man auch so gut wie reine Dreiklänge, besonders in aufsteigender Folge der Töne. Dr. Sapper will in den Urwäldern Guatemalas unter 87 Vogelweisen 30 beobachtet haben, die sich nur in Dreiklangstönen bewegen, und bringt damit das Vorkommen zahlreicher Dreiklangsmelodien bei den Indianern (s. Melodienbeispiele) in Verbindung. Immerhin ist auch bei Vögeln von phantasievollen Notenschreibern viel gesündigt worden. So glaubt z. B. der Amerikaner Xenos Clark (The American Naturalist XIII, 1879, p. 20) folgende Cdur-Leiter mit Ganz- und Halbtonstufen bei einem Laubsänger zu finden:

Ich habe in Feld und Wald viele Vogelweisen notiert, aber eine solche tadellose Dur-Leiter niemals vernommen. Sie dürfte den Vögeln selbst im Lande der unbegrenzten Möglichkeiten unmöglich sein. Man muß nur wissen, welche Summe geistiger Arbeit und geschichtlicher Entwicklung in einer diatonischen Leiter steckt. In einem anderen Falle macht bei Clark ein in Cmoll singender Waldsperling (Nr. 25) sogar enharmonische Unterschiede zwischen dis und es. Die Naivität, mit der hier die drei b-Zeichen vorgeschrieben sind, obgleich die Töne b und as gar nicht vorkommen, beweist auch wieder, daß der Autor den guten Spatzen einfach unser Tonartenbewußtsein geliehen hat. Ebenso sind bei Nr. 14 drei Kreuze vorgezeichnet, obschon der Gesang nur aus dem einzigen Tone ais besteht, usf. Man möchte sich wundern, warum Vögel, die es so weit gebracht haben, nun nicht auch einmal Duette und Terzette singen, mindestens in Oktaven- oder Quintenparallelen, wie es die Naturvölker tun. Der These, die Clark aus seinen Aufschreibungen ableitet und die auch sonst oft ausgesprochen wird: daß harmonische Intervalle im Vogelgesange vorwiegen, wird man vorläufig schon darum mißtrauisch gegenüberstehen müssen, weil wir infolge der Gewöhnung an unsere Intervalle und der Vorliebe für sie geneigt sind, solche in das Gehörte hineinzulegen.

Noch weniger darf man selbstverständlich daran denken, einen Schluß auf die Gefühle zu ziehen, die die kleinen

Musikanten damit ausdrücken wollen. Wundt, der, auch hier von erstaunlicher Gläubigkeit, Clarks Noten ohne weiteres als kanonische Vogelmusik hinnimmt, meint daraus tatsächlich auch noch die Gefühle dieser Tierchen heraushören zu können (Völkerpsychologie I, 1², 261). Ja er entdeckt darin sogar die drei „Dimensionen" des Fühlens, die in seiner von den Menschen so bestrittenen Theorie unterschieden werden:

Daß ein Vogel freudig, niedergeschlagen, heftig erregt sein kann, mag man glaublich finden. Nur warum er just z. B. bei der zweiten Melodie niedergeschlagen sein muß, und nicht vielmehr bei jeder von den dreien jedes der drei Gefühle und noch verschiedene andere haben kann, ist absolut nicht einzusehen. Nicht einmal beim Menschen, wenn einer diese Töne pfeift, singt oder spielt, wären sie im geringsten eindeutig darin ausgesprochen. Beim Vogel, dessen ganzes Seelenleben dem unsrigen so ferne stehen dürfte wie seine körperliche Organisation, ist die Deutung im vollsten Sinn aus der Luft gegriffen. Wir dürfen unsere Melodiegefühle, selbst wenn sie ganz bestimmte wären, dem Vogelherzen ebensowenig ohne weiteres zuschreiben, wie man etwa den Eindruck, den wir von einer Kuh oder einer Wiese haben, demjenigen gleichsetzen darf, den der Ochse davon hat.

Mit alledem brauchen wir uns die Freude an unseren lieben Waldmusikanten nicht verderben zu lassen. Es handelt sich nur um die Scheidung der Wissenschaft von willkürlichen Zutaten. Die neuere Tierpsychologie ist darin strenger als die alte. Aber im Leben soll der Phantasie und der unwillkürlichen „Einfühlung" ihr Recht nicht genommen werden.

Es gibt außer den theoretisch und praktisch nutzlosen Notierungen Clarks und anderer auch Notierungen mit nur praktischen Zielen, nämlich zum Erkennen und Unterscheiden der Vogelarten: und dafür können sie wirklich nützen. Besonders möchte ich als ausgezeichneten Führer das „Exkursionsbuch zum Studium der Vogelstimmen" von A. Voigt empfehlen. Es sind da außer den Noten noch eine Menge anderer anschaulicher Zeichen benutzt, da sich eben viele Weisen nicht oder nicht hinreichend in Noten wiedergeben lassen.

Während der Drucklegung dieser Anmerkungen hat v. Hornbostel aus Anlaß eines Buches von B. Hoffmann (Kunst und Vogelgesang 1908), worin reiches Material wieder in unkritisch-überschwänglicher Weise verwertet wird, eine Studie über den Vogelgesang veröffentlicht, auf die ich zur weiteren Orientierung hinweisen möchte (Musikpsychologische Bemerkungen über Vogelsang. Ztschr. d. Internat. Musikgesellsch. XII, 1911, S. 227 ff.). In Hinsicht der Transpositionsfrage trägt er jedoch Bedenken, mir beizustimmen, indem er u. a. auf einen von Hoffmann erwähnten Fall hinweist, wo ein Grünspecht seinen Ruf zuerst zwischen c^3 und a^2 sang, dann aber nach und nach in der Tonhöhe sinken ließ, so daß er zuletzt zwischen a^2 und fis^2 zu liegen kam. v. Hornbostel findet daher den wesentlichen Unterschied zwischen Vogel- und Menschenmusik nicht so sehr in der Transpositionsfähigkeit als in der Verwendung von Motiven zu melodischen Formen. Es kommt nun hierbei ganz darauf an, was man unter Transposition versteht. Wenn die koordinierten Muskelkontraktionen, deren Folge die Gesangmelodie ist, schwächer und schwächer werden, muß die Tonhöhe des Ganzen sinken.

Aber eine Transposition würde ich dies nicht nennen, auch wenn die Veränderung noch größer wäre, sondern würde nur dann von einer solchen sprechen, wenn der Sänger sich einer vorgegebenen (oder von ihm selbst vorgestellten) Tonhöhe akkommodiert, wie es die Naturvölker gegenüber dem Stimmpfeifchen tun, wenn er also bestimmte Verhältnisse auf andere als die gewohnten Tonhöhen überträgt. Allerdings wären noch ausgedehntere Versuche erforderlich, um nachzuweisen, daß eine solche Akkommodation an vorgegebene Tonhöhen den Vögeln unmöglich sei. (Die im Text erwähnten Beobachtungen O. Abrahams finden sich in seiner Abhandlung: Das absolute Tonbewußtsein. Sammelbände d. Internat. Musikgesellsch. III, S. 69.) Aber für sehr unwahrscheinlich muß ich einen Erfolg im positiven Sinne schon nach den bisherigen Erfahrungen halten.

Ich stimme v. Hornbostel darin bei, daß das Vorhandensein bestimmter Formen den menschlichen Gesang charakterisiert, daß es sogar das wesentlichere, tiefer dringende Merkmal ist, aber es dürfte mit der Transpositionsfähigkeit Hand in Hand gehen, da das Erfassen von Verhältnissen als solchen für beide Leistungen Bedingung ist. Jedenfalls wird es nicht so leicht zu definieren und nicht so leicht auf Beobachtung und Experiment anzuwenden sein. Darum meine ich, daß die Frage nach den musikalischen Fähigkeiten der Tiere sich doch zunächst auf die Transpositionsfähigkeit im obigen Sinne zu richten habe.

4 (S. 12) Louis Laloy, La musique chinoise (1910), p. 55, 120. Nach Laloy würde sich die chinesische Melodieauffassung von der unsrigen dadurch unterscheiden, daß dort eine Folge bestimmter absoluter Tonhöhen, deren jede eine feststehende Bedeutung hat, die Melodie ausmacht, während bei uns die Funktion der Töne in der beliebig transponierbaren Leiter entscheidend ist. Diese Sache bedürfte aber einer genaueren Untersuchung.

5 (S. 13) Selbst A. Weismann geht in dem oben (Anm. 3) erwähnten Artikel darüber hinweg. Sein Grundgedanke, daß der Mensch sein feines und hochentwickeltes Gehör durch Selektionsprozesse erhalten habe, weil es ihm im Kampf ums Dasein notwendig war, und daß dieses Gehörorgan sich bei

uns zufällig auch zum Musikhören verwenden lasse, mag eine Wahrheit einschließen: aber daß das Vermögen, die Intervalle als solche wahrzunehmen und wiederzuerkennen, im Gehörorgan, in der Schnecke des Ohres, wurzle (S. 68), scheint mir äußerst bestreitbar. Diese Fähigkeit kann meines Erachtens nur cerebral bedingt sein, wie die gesamte höhere psychische Leistungsfähigkeit des Menschen. Auch die Unterschiede der Musikalischen und Unmusikalischen unter den Menschen (S. 70) dürften zum geringsten Teil im Gehörorgan selbst liegen. Die Unterschiedsempfindlichkeit scheint bei Unmusikalischen nicht notwendig geringer zu sein.

6 (S. 14) Man pflegt als Urheber dieser Idee Lukrez zu zitieren, De rerum natura V, 378:

    At liquidas avium voces imitarier ore
    Ante fuit multo quam laevia carmina cantu
    Concelebrare homines possent aureisque juvare.

Aber Kollege H. Diels weist mich darauf hin, daß Lukrez den Gedanken durch Vermittlung Epikurs von Demokrit haben wird, der fr. 154 (Diels, Fragmente der Vorsokratiker I², 462, 15) sagt: „Die Menschen sind in den wichtigsten Dingen Schüler der Tiere geworden, der Spinne im Weben und Stopfen, der Schwalbe im Bauen, der Singvögel, des Schwans und der Nachtigall im Gesang, indem sie ihre Kunst nachahmen."

Daß außer dem bloßen Nachahmungstrieb auch praktische Zwecke zum Nachahmen der Vogel- und Tierstimmen treiben können, sehen wir, wie W. Pastor richtig bemerkt, heute noch bei den Jägern. Auch mochte in der Urzeit Aberglaube mitwirken: der Glaube an die Wärme und Regen bringende Kraft singender Tiere (K. Th. Preuß), deren Stimme darum nachgeahmt wurde.

7 (S. 16) E. W. Scripture, Researches in Experimental Phonetics. The Study of Speech Curves. Publ. by the Carnegie Institution. 1906. p. 63. Scripture hat auf eine ingeniöse Weise die winzigen Grammophonkurven so vergrößert, daß sie messenden Vergleichungen und Analysen zugänglich werden. Die umfangreiche Einrichtung war dank der Gefälligkeit des Urhebers einen Winter hindurch im Berliner Psychologischen Institut aufgestellt, wodurch die in der folgenden Anmerkung erwähnte Untersuchung möglich wurde. Freilich garantiert

der Übertragungsmechanismus nicht in jeder Hinsicht eine genaue Wiedergabe. Aber die Veränderungen der Wellenlänge sind genau genug aus den vergrößerten Kurven zu entnehmen. Die im Text angeführten Kurven sind enstanden, indem eine große Anzahl aufeinanderfolgender Wellenlängen gemessen, daraus die zugehörigen Tonhöhen (Schwingungszahlen) berechnet und dann die Tonhöhen als Ordinaten aufgetragen sind.

Andere Mittel zur objektiven Darstellung der Sprachmelodie sind der von F. Krueger verbesserte Rousselotsche „Kehltonschreiber" (vgl. Bericht über den 2. Kongreß für experimentelle Psychologie, 1905, S. 115) und die Marbesche „Rußmethode", wobei eine rußende Flamme ihre Mitbewegungen aufschreibt (Zeitsch. f. Psychol. Bd. 49, S. 206 ff.).

Die Schwankungen beim gewöhnlichen Sprechen umfassen wohl bei den meisten Kulturnationen mindestens eine Oktave oder Duodezime. Doch scheint der Umfang in gewissen Fällen viel geringer, auch abgesehen von der beabsichtigten Monotonie, deren wir im Text Erwähnung tun. Scripture fand bei seinem eigenen Sprechen des Vaterunser, daß die Stimme sich fast nur auf den Tönen gis, a, ais bewegte (Ztschr. „Die neueren Sprachen" 1903, S. 1 ff.). Der tiefe monotone Vortrag des Vaterunser ist aber, wie er selbst bemerkt, ein besonderer Fall, Scriptures gewöhnlicher Sprechton bewegt sich in viel weiteren Grenzen. Sehr auffallend ist der geringe Umfang bei F. Saran, der (allerdings nach dem bloßen Gehör) seine Sprachmelodie bei der Deklamation eines langen Gedichts fast durchweg zwischen cis und dis unterbringt (Melodie und Rhythmik der Zueignung Goethes 1903. Deutsche Verslehre 1907, S. 216 ff.). Unstreitig gibt es in dieser Hinsicht individuelle Eigentümlichkeiten. Aber an einen so winzigen habituellen Tonumfang möchte ich doch erst glauben, wenn er durch objektive Methoden erhärtet ist.

[8] (S. 16) W. Effenberger, Über den Satzakzent im Englischen I. Teil. Berliner Dissertation 1908. Das Ganze ist noch nicht erschienen, die im Text abgebildeten Kurven sind mir vom Verfasser zur Verfügung gestellt.

[9] (S. 17) Auch diesen Hinweis verdanke ich meinem Kollegen H. Diels.

¹⁰ (S. 18) E. W. Scripture, How the Voice looks. Century Magazine, Febr. 1902. p. 150.

¹¹ (S. 19) Vgl. m. Tonpsychologie I, 164 (Klünders Messungen). Die schon erwähnte Arbeit Dr. Abrahams wird Näheres hierüber bringen.

¹² (S. 19) Namentlich am Anfang und am Ende von Gesängen findet man bei den Naturvölkern häufig eine schleifende Bewegung, speziell Abwärtsbewegung der Stimme. Doch kommen auch im Verlaufe solche mit großer Raschheit ausgeführte Bewegungen zu Beginn oder Schluß einer Note vor. Sie sind schon in älteren Aufzeichnungen angegeben; z. B. im 1. und 3. der von G. Grey, Polynesian Mythology 1855, wiedergegebenen neuseeländischen Lieder, die sich sonst kaum von der Stelle bewegen (Grey meinte Vierteltonstufen zu zu hören), vom letzten Ton aber um eine ganze Oktave abwärts schleifen. Beim 1. Lied bedeutet die hingeschriebene Tonleiter sicher auch eine gleitende Bewegung. Ferner vgl. meine oben in Anmerkung 1 zitierten Bellakula-Lieder S. 415 (I und II), S. 421, 423 (Umfang der Schleifbewegung eine Oktave oder Quinte); sowie Bakers Indianerlieder l. c. S. 17. Häufige Beispiele bieten die phonographischen Aufnahmen; einige siehe in unseren Melodieproben. Unter den uns von dem Museumsdirektor Dr. Dorsey (Chicago) übersandten, noch nicht bearbeiteten Pawnee-Gesängen ist ein Doktorgesang, der mit einer mehrmals wiederholten stetigen Tonbewegung von oben nach unten anhebt, deren Anfangs- und Schlußpunkt nicht leicht bestimmbar ist. Sie hat für unsere Auffassung etwas unheimlich Drohendes.

Ein interessantes Seitenstück bildet ein sehr alter Appenzeller „Löckler" (Lockruf beim Eintreiben der Kühe), der gerade so schließt wie Greys neuseeländische Lieder:

Lo - be - la

(Alfred Tobler, Kühreihen usw. in Appenzell, 1890, S. 9. Derselbe, Das Volkslied im Appenzellerlande, 1903, S. 119 f.)

Aber auch im heutigen Italien kann man bei Volkssängern oft ein über den Zwischenraum einer großen Terz sich erstreckendes Portamento hören. So vernahm ich in Venedig folgenden immerfort wiederholten Gesang, worin zum Schluß die Stimme regelmäßig vom e zum c stetig herunterging:

In unserer Kunstmusik ist diese Vortragsweise für den guten Geschmack nur in sehr geringem Umfange und ausnahmsweise gestattet (so gelegentlich vom Leitton zur Tonika), im allgemeinen aber mit Recht ausgeschlossen, weil sie den Unterschied gegenüber der Sprache, aber auch gegenüber dem elementaren Heulen und anderen kunstlosen Affektvertonungen verwischt. Ähnliches gilt von sonstigen primitiven Vortragsmanieren, wie dem Knurren oder Summen durch Schließen der Zähne bei Indianern, das z. B. in einem Skalptanz der Dakota vorkommt und, verbunden mit schleifendem Tonübergang, „wirklich schaudererregend wirken kann" (Baker, S. 17).

13 (S. 20) Der Ethnologe Prof. Pater Schmidt nimmt in einem Artikel, auf den mich nach der Veröffentlichung des dieser Schrift zugrunde liegenden Vortrages Herr v. Hornbostel aufmerksam machte, gleichfalls gegen die Herleitung der Musik aus der Sprache Stellung, wobei er auf die stetigen Übergänge des Sprachtons hinweist (Über Wundts Völkerpsychologie. Mitteilungen der anthropologischen Gesellschaft in Wien, Bd. 33, S. 365 f.). Er erklärt gleichwohl eine musikalische Wiedergabe des gewöhnlichen Sprechtons für notwendig und stellt Wundtschen Notierungen andere gegenüber, die ihm richtiger scheinen. Indessen gibt es hier überhaupt keine allgemeinen und genauen Regeln (vgl. die Ausführungen der in Anm. 2 erwähnten Abhandlung S. 278 ff.). Es kommt ja auch sehr auf den Dialekt an. Daß besonders viele Sprachnotierungen aus sächsischem Milieu kommen, ist bezeichnend. Ich glaube sogar, daß bei Richard Wagner, der (ein Anhänger der Sprachtheorie) den Tonfall der Sprache in seinen Rezitativen nachzuahmen suchte, sich Anklänge seines sächsischen Sprechens in den Tonwendungen deutlich bemerkbar machen.

Positiv leitet P. Schmidt die Musik, statt aus dem leidenschaftlichen Sprechen, aus dem leidenschaftslosen aber lauten

Rufen her, besonders aus den Signalrufen, wie man sie noch heutzutage etwa von Verkäufern in den Straßen hört. Zumal wenn viele Personen zusammen irgend etwas laut sprechen, z. B. gemeinsam beten, stellten sich musikalische Intervalle ein. In der Tat verdienen die musikalischen Wendungen in solchen Fällen eine statistische Zusammenstellung und eine kausale Betrachtung. Was indessen heute dabei zutage kommt, steht schon unter dem Einfluß unserer Musik und kann nicht die erste Entstehung von festen Intervallen überhaupt begreiflich machen; vielmehr müssen wir umgekehrt die musikalischen Qualitäten dieser Rufe aus denen der bereits vorhandenen Intervalle zu verstehen suchen (in welcher Hinsicht ich z. B. in der erwähnten Abhandlung S. 283 f. die weitverbreitete Bevorzugung der kleinen Terz beim Rufen aus einem Zusammenwirken physiologischer Faktoren mit musikalischen Gewohnheiten abzuleiten suchte).

Richtig erscheint mir aber der allgemeine Gedanke P. Schmidts, daß das Rufen, und zumal das gemeinschaftliche, einer der Ausgangspunkte der Musik war und speziell zur Entdeckung der konsonanten Intervalle hingeführt hat. Was dabei den Ausschlag gab, werden wir im Text erläutern. Ich hebe gern dieses Zusammentreffen in einer wichtigen Anschauung hervor.

14 (S. 27) Mit der Entwicklung des Gehirns haben sich natürlich auch diese Eigenschaften der Tonempfindungen, bzw. der zugrundeliegenden Gehirnprozesse, allmählich herausgebildet. Eine Hypothese über die dabei beteiligten Faktoren (die relative Häufigkeit, mit der ein Intervall unter den Obertönen vorkommt, auch die kleineren Verhältniszahlen der Differenztöne gegenüber Primärtönen) versuchte ich Tonpsychologie II, 215 f. aufzustellen. Auf das gleichzeitige Ausrufen von Signalen durch Männer und Weiber ist auch schon in diesem Zusammenhange hingewiesen; ebenso in „Konsonanz und Dissonanz", Beitr. z. Akustik und Musikwiss. I, 62. Aber in der Tonpsychologie legte ich die Meinung zugrunde, daß in den Uranfängen des Menschengeschlechts die Verschmelzungsunterschiede doch noch nicht vollständig ausgebildet gewesen seien, was ich jetzt nicht mehr für wahrscheinlich halte. Die Untersuchung der Sinnesempfindungen bei den heutigen

Naturvölkern hat immer mehr gezeigt, daß wesentliche Unterschiede gegenüber den unsrigen nicht vorhanden sind. Fast alles reduziert sich auf Unterschiede der Auffassungsfähigkeit und Auffassungsrichtung. Vgl. v. Hornbostel, Ph.-A. Nr. 23.

[15] (S. 28) Tonpsychologie II, 145, 148. Beitr. z. Akustik u. Musikwiss. II, 20.

[16] (S. 31) Es ist noch strittig, ob der Begriff der Tonverwandtschaft auch auf einfache Töne ausgedehnt werden darf. Trotz gewisser Schwierigkeiten, die ich (Tonps. II, 198 ff., Beitr. I, 45 ff.) hervorgehoben, glaubt Ch. Lalo (Esquisse d'une esthétique musicale, 1908, p. 146 ff.) diese Lehre vertreten zu müssen. Auch v. Hornbostel neigt dazu (Ph.-A. Nr. 23). Die Annahme würde unstreitig das Verständnis für die Entwicklung einer rein melodischen Musik erleichtern. Aber da die Stimme und die Instrumente (auch die Flöten) tatsächlich Obertöne besitzen, könnten wir für diesen Zweck auch mit der Verwandtschaft der **Klänge** im Helmholtzischen Sinn auskommen.

Vielleicht wäre auch zu erwägen, ob nicht statt der Verwandtschaft eine Art „Kohärenz" (nach dem Ausdruck G. E. Müllers) oder „Attraktion" (Gilman, Hopi Songs p. 15) zwischen aufeinanderfolgenden einfachen Tönen mitspielen könnte. Das beständige Zusammenvorkommen der konsonanten Teiltöne in den Klängen der Stimme sowie der Instrumente könnte, sogar rein physiologisch, den Fortgang von dem einen zum anderen begünstigen. Wir müssen die Frage hier dahingestellt sein lassen.

[17] (S. 31) Die Herren Abraham und v. Hornbostel haben in den letzten Jahren längere Versuchsreihen über sog. Distanzurteile bei Tönen gemacht, d. h. über das Problem, welche Tonabstände als gleich beurteilt werden, wenn man die Gewöhnung an unsere Intervalle möglichst beiseite setzt oder durch die Versuchsumstände unschädlich macht. Sie fanden dabei, daß es tatsächlich möglich ist, kleine Tonabstände mit einer gewissen Sicherheit bei verschiedenen absoluten Tonhöhen einander gleichzuschätzen; und zwar weisen die so als gleich beurteilten Abstände die gleichen **Verhältnisse** der Schwingungszahlen auf, nicht etwa die gleichen Differenzen. Dieselbe Annahme hatten früher E. H. Weber und Fechner

gemacht, nicht minder Wundt („daß wir in der Empfindung ein Maß für qualitative Abstufungen der Töne besitzen und daß dieses Maß dem Weberschen Gesetze folge", Physiol. Psychologie[2] I. 394). Wundt hat sie später auf Grund falsch gedeuteter Versuchsergebnisse eines seiner Schüler durch die Annahme ersetzt, daß wir gleiche Abstände da finden, wo gleiche Differenzen der Schwingungszahlen gegeben sind; was zu ganz unmöglichen Konsequenzen führt. Die ursprüngliche Annahme stimmt auch überein mit der weiter unten noch zu besprechenden Tatsache des Vorkommens ganzer Tonleitern, bei denen alle benachbarten Stufen voneinander um ein und dasselbe gleichbleibende Schwingungsverhältnis abstehen.

Aus diesen Gründen halte ich es für durchaus möglich und wahrscheinlich, daß man durch bloße „Distanzschätzungen" auf gewisse transponierbare kleine Tonschritte gekommen sei. Nur die Entstehung fester, durch ein besonderes Merkmal ausgezeichneter Schritte, die Absonderung der konsonanten Intervalle Oktave, Quinte, Quarte würden auf diesem Wege nicht begreiflich sein.

18 (S. 35) Ph.-A. Nr. 16, S. 248 ff. Der Schluß auf kausalen Zusammenhang wird fast unabweisbar in Fällen, wo an Instrumenten mit zahlreichen Tönen sich genaue Übereinstimmungen der absoluten Tonhöhen (Schwingungszahlen) zeigen. So stimmen nach v. Hornbostels Messungen melanesische Panpfeifen (aus Neu-Mecklenburg) mit javanischen Instrumenten ganz auffallend in der absoluten Tonhöhe der einzelnen Töne überein (Ph.-A. Nr. 12, S. 132 ff.), ferner Blasinstrumente der Indianer in Nordwestbrasilien mit ausgegrabenen altperuanischen Pfeifen (Ph.-A. Nr. 22, S. 388 ff.).

19 (S. 37) Panpfeifen, die nach diesem Prinzip zusammengestellt werden, fand A. Frič bei brasilianischen Indianern (nach v. Hornbostel, Ztschr. d. Internat. Musikges. X, S. 4).

20 (S. 38) Solche Doppelpanpfeifen von Indianern in Peru hat v. Hornbostel untersucht und dabei eine interessante (noch unveröffentlichte) Tatsache beobachtet. Die offenen Pfeifen sind nämlich alle am Ende etwas ausgekerbt, offenbar zu Abstimmungszwecken. Offene Pfeifen geben nicht genau die reine Oktave der gleichlangen gedackten, sondern eine etwas

vertiefte. Dies hat man bemerkt und darum die Schnitte angebracht, um die reine Oktave zu erhalten. Ein schöner Beweis für die Kraft des fortschreitenden Gehörs. Auch wenn man etwa annehmen wollte, daß das Oktavintervall überhaupt erst durch den Tonunterschied einer offenen und einer gleichlangen gedackten Pfeife gefunden sei, müßte man doch zugeben, daß das Gehör dann sich zum Richter aufgeschwungen und das von der Natur gegebene Intervall nach seinen Forderungen umgestaltet habe.

Dies ist um so bemerkenswerter, als dieselbe Erscheinung sich nicht bloß an modern-indianischen sondern auch an ausgegrabenen Pfeifen aus der altperuanischen Zeit findet.

21 (S. 39) Die Herleitung der konsonanten Intervalle aus den ersten Obertönen findet man oft ausgesprochen, z. B. bei Tylor (Anthropology), bei Wallaschek (Anfänge der Tonkunst); wie ja seit Helmholtz die Obertöne Helfer in allen Nöten sein müssen. (Mir selbst allerdings hat W. Pastor, Geburt der Musik, S. 52, diese Ansicht ganz mit Unrecht zugeschrieben.) Aber abgesehen von der im Text erwähnten Schwierigkeit spricht auch sonst vieles gegen die Annahme, daß Überblasungstöne die einzige oder die Hauptquelle gewesen wären. Oft sind z. B. die höheren, zum Teil disharmonischen Teiltöne leichter herauszubringen wie der Grundton.

Damit will ich aber nicht sagen, daß die Überblasungstöne einflußlos gewesen wären. Daß das Gehör der Naturvölker sich gelegentlich sogar den Verstimmungen dieser Töne anbequemt, geht wieder aus der Untersuchung einer brasilianischen Panpfeife durch v. Hornbostel hervor (Ph.-A. Nr. 22.) Ein aus 11 Pfeifen bestehendes Instrument, dessen Zusammensetzung zuerst ganz unverständlich schien, ist allem Anscheine nach dadurch entstanden, daß man von einer Pfeife ausgehend eine andere so schnitzte, daß ihr 3. Teilton mit dem Grundton der ersten eine Doppeloktave bildete. Man erhielt so eine (etwas zu große) Quarte. Nach dem gleichen Prinzip ging man von der zweiten zu einer dritten Pfeife usf. Dabei findet sich aber zugleich der 5. Teilton der ersten Pfeife gleich dem Grundton der siebenten, was akustisch nur darum möglich ist, weil die Obertöne alle ein wenig zu tief sind. Dann wurde in das so entstandene Pfeifensystem ein zweites, in derselben Weise gebildetes eingeschaltet, dessen Töne aber immer zwischen je zweien des ersten in der Mitte liegen; jedenfalls darum, weil der Tonschritt einer Quarte für den melodischen Gebrauch zu groß erschien. In einer ähnlichen Weise ist das Obertonprinzip auch bei einem andern Exemplar verwendet.

An diesem Falle sieht man, daß allerdings eine Benutzung der Überblasungstöne vorkommt, daß man aber durch das bloße mechanische Übertragungsverfahren, die Verfertigung neuer Pfeifen in Übereinstimmung mit den Überblasungstönen der ersten, nicht zu den reinen Intervallen, nicht einmal zu reinen Oktaven, Quinten, Quarten geführt wurde.

Daß wir den 7., 11., 13. Teilton nicht benützen (Debussys Sechsstufenleiter darauf zurückzuführen, wäre ganz verkehrt), ist ja auch schon ein Beweis, daß die Obertöne als solche für unser Gehör nicht das Ausschlaggebende sind. Jene Teiltöne hören wir gelegentlich bei Überblasungen, aber sie imponieren uns nicht, außer den Schwärmern, die Naturprodukte als solche anbeten: wir können sie im Zusammenhang unseres auf gutem Grund aufgebauten Tonsystems nicht brauchen. In urwüchsigeren Musikzuständen dagegen findet man tatsächlich auch jetzt noch den 7. und 11. Teilton im Gebrauch. So bei den „Kühreien" in der Schweiz, wo sie zweifellos auf den Einfluß des Alphorns zurückzuführen sind. Sie wanderten von diesem Instrument auf den Gesang hinüber, ohne durch das Ohr korrigiert zu werden. Der Senn, der solche Jodler mit der übermäßigen Quarte (11. Teilton) bei der Stallarbeit singt, nennt sie „Chüadreckeler" und findet den leiterfremden Ton angenehm, — vielleicht auch mehr charakteristisch für das Geschäft.

Auf dem Alphorn selber wurde z. B. Anfang des vorigen Jahrhunderts folgende Weise geblasen (nach Wyß, Sammlung von Schweizer Kühreien, 3. Ausgabe, 1818, bei Alfred Tobler, Kühreien, 1890, S. 46):

Die älteste Notierung eines Kühreiens findet sich in Rhaws Bicinia 1545 (die untere Stimme hat die Melodie). Man erkennt in der Weise deutlich das Alphorn-Vorbild, vgl. die Stelle:

Aber die erhöhte Quarte ist hier in die reine umkorrigiert. Ein 1710 notierter Kühreien dagegen weist an verschiedenen Stellen ausdrücklich die erhöhte Quarte auf. (S. darüber A. Glück, Vierteljahrschr. f. Musikwiss. VIII, 77 ff.) Wie ich bei Berlepsch (Die Alpen 1861, S. 360) lese, wurden die gesungenen Kühreien früher mit dem Alphorn begleitet. Dadurch ist die erhöhte Quarte auch in den unbegleiteten Gesang übergegangen. In den ersten Dezennien des 19. Jahrhunderts soll sie noch viel häufiger gebraucht worden sein (Szadrowsky im Jahrbuch des Schweizer Alpenklubs 1868, S. 283).

Als eine aus derselben Wurzel entstandene Gesangsmelodie (unter vielen anderen) setzen wir die älteste Aufzeichnung eines Appenzeller Alpengesanges hierher (nach Ebel, Schilderung der Gebirgsvölker der Schweiz 1798, bei Tobler a. a. O. S. 57):

Auch in einem der alten „Alpensegen", wie sie heute noch in der Urschweiz gesungen werden, ist die übermäßige Quart erhalten. S. die Notierung des Alpensegens aus der Melchthaler Frutt (wo ich ihn auch selbst hörte) bei A. Schering, Sammelbände d. Intern. Musikges. II, 669. Er beginnt:

wobei nicht b sondern ganz bestimmt h intoniert wird.

Aus der heutigen Steiermark hat Dr. Pommer in seiner Sammlung „444 Jodler und Juchezer aus Steiermark" u. a. folgendes Beispiel gegeben, das jedesmal in genau gleicher Intonation gesungen wurde (vgl. Bericht über den III. Kongreß der Internat. Musikges. 1909, S. 251):

Ju - hu   hu - hu - hu - hu!

In einem Falle hat dieses Alphorn-fis seinen Weg auch zu den tiefsten Wirkungen der Kunstmusik gefunden: wenigstens halte ich es für sehr wahrscheinlich, daß die wie eine Sieges- und Heilsverkündigung aus Bergeshöhe tönende Hornweise im letzten Satze von Brahms C-Moll-Symphonie, die dann von der Flöte antwortend aufgenommen wird,

unter der Nachwirkung solcher Schweizer Töne entstanden ist. In humoristischer Absicht hat aber bereits der 12jährige Mozart in „Bastien und Bastienne" (in dem kleinen Dudelsacksatz, mit dem Colas auftritt) und hat auch Mendelssohn in der kläglichen Trauermusik auf Pyramus' Tod diesen Überblasungston, der bei ungeschickten Bläsern ungewollt dazwischenkommt, verwendet. Also gelegentliche Einflüsse auch von unharmonischen Überblasungstönen auf unsere Kunstmusik sind möglich, aber eine systematische Verwendung nicht.

Die erhöhte Quarte der sog. Zigeunerleiter, orientalischer Melodien oder gar des 5. Kirchentons darf man aber nicht hierher ziehen, sie haben nichts mit dem 11. Oberton zu tun.

In ähnlicher Weise wie das Alphorn mögen auch die nordischen „Luren", uralte große Bronzehörner, auf denen zwölf und mehr Obertöne durch Überblasung hervorgebracht werden können, auf die Entwicklung der dortigen Musik eingewirkt haben. Da fast immer zwei Luren von gleicher Abstimmung zusammen gefunden wurden, hat man vermutet, daß auf ihnen zweistimmig geblasen wurde (Hammerich, Vierteljahrsschr. f. Musikwiss. X, 29 ff. W. Pastor in der vorher genannten Schrift S. 68ff.). Doch lassen sich auch andere Gründe für das Vorkommen in Paaren denken. Hammerich, der genaueste Kenner dieser Instrumente, drückt sich darüber sehr zurückhaltend aus. Bei uns selbst pflegt man für mehrstimmiges Blasen doch gerade Instrumente verschiedener Höhe zu nehmen. Auch die Genauigkeit, mit der die paarweise gefundenen Exemplare gleich gestimmt sind, deutet eher darauf, daß sie unison geblasen wurden.

22 (S. 41) Die Unterscheidung von Blas-, Saiten- und Schlaginstrumenten, wie sie im Texte steht, möge in dieser kurzen Darstellung passieren. Aber sie will nicht als erschöpfend gelten (z. B. kommen auch Rilleninstrumente vor, bei denen der Ton durch Darüberstreichen erzeugt wird). Sie ist, wenn man's genau nimmt, auch logisch nicht einwandfrei. Man kann entweder klassifizieren nach den Einrichtungen, deren unmittelbare Folge die Luftschwingungen sind (z. B. scharfen Rändern, an denen ein Luftstrom vorbeistreicht, Schwingungen von Saiten oder Membranen usf.), oder nach den Tätigkeiten, durch die wir diese Einrichtungen in Gang setzen (z. B. Schlagen oder Drücken, dann Streichen, Blasen usf.). Je nach dem Einteilungsprinzip gehören die Orgel und das Klavier das erstemal zu verschiedenen, das zweitemal zu derselben Klasse, die Saiteninstrumente umgekehrt das erstemal alle zu derselben, das zweitemal zu verschiedenen Klassen. Indessen auf diese logischen Verfeinerungen kommt es hier nicht an.

23 (S. 46) v. Hornbostel hat kürzlich bei Untersuchung der von dem Forschungsreisenden Dr. Thurnwald aus den Admiralitätsinseln (Baluan) mitgebrachten Phonogramme von Tanzgesängen gefunden, daß sie sämtlich zweistimmig sind, und zwar sich wesentlich in Sekundenparallelen bewegen, ja sogar öfters am Schlusse aus dem Einklang in die Sekunde übergehen, um mit dieser abzuschließen (Ph.-A. Nr. 24). Gewiß

für unseren Geschmack das Wunderlichste von allem, was bisher gefunden wurde. Und doch auch nicht ohne Seitenstücke in anderen Weltgegenden, selbst in Europa, auf die v. Hornbostel hinweist. Ich möchte vorläufig die im Text angegebene Erklärung für die wahrscheinlichste halten. Man hört aus den Walzen die Rauhigkeit des Zusammenklanges, das Schwirren der Schwebungen deutlich heraus.

24 (S. 46) Sehr zutreffend scheint mir namentlich, was Billroth in dem lehrreichen Schriftchen „Wer ist musikalisch?" über die Bedeutung des Rhythmischen beigebracht hat.

25 (S. 48) Ch. S. Myers: The Rhythm-Sense of Primitive Peoples. Bericht über den 5. Internat. Psychologen-Kongreß in Rom 1904. A Study of Rhythm in Primitive Music. British Journal of Psychology I, 1905, p. 397. (Die Ergebnisse sind durch graphische Registrierung und durch Messungen der Zeitabstände zwischen den Akzenten beim Gongschlagen der Sarawak-Malaien auf Borneo gewonnen.) Sonstiges über exotische Rhythmik und rhythmische Polyphonie namentlich in Boas' Werk über die Kwakiutl-Indianer und bei v. Hornbostel, Ph.-A. Nr. 14, S. 159 ff., Nr. 16, S. 252 ff., Nr. 23, S. 266 ff.

26 (S. 48) Außer den in der Musikbeilage mitgeteilten Proben rhythmischer Komplikationen möge hier noch ein Beispiel für die gleichzeitige Verbindung ungleicher Rhythmen stehen. Viele Gesänge mit Paukenbegleitung bei den Kwakiutl-Indianern haben nach Fr. Boas' Beobachtung folgenden Typus:

Jeder Part hält dabei, wie Boas versichert, seinen Rhythmus aufs genaueste inne. Bei einem von ihm notierten Liede geht die Stimme in $^4/_4$, die Pauke in $^5/_8$, und zwar so, daß auf 3 Takte der Stimme 4 der Pauke kommen, also wieder auf je $^5/_8$ der Stimme $^5/_8$ der Pauke; wobei der Paukenrhythmus wieder der obige ist, der überhaupt besonders beliebt scheint.

27 (S. 52) Hierher würde das erste der von Wundt (Völkerpsychologie II, 1) angegebenen Musterbeispiele gehören. Es ist

F. Boas' Werk über die Zentral-Eskimos entnommen. Aber Boas unterscheidet scharf die Eskimogesänge, die sich in großen Intervallen, zum Teil in aufgelösten Dreiklängen, ja selbst in Oktavenschritten bewegen (s. unsere Melodiebeispiele Nr. 49 und 50), und die Erzählungen. Was er hier in Noten wiedergibt, ist, wie er ausdrücklich bemerkt, der Erzählerton, der sich auf einer konstanten Höhe hält und nur bei den akzentuierten Silben um einen Halbton nach oben abweicht. Daß diese Vortragsmethode und Stimmbewegung bei den Eskimos die frühere gewesen wäre und also hier ein Rest ihres wirklich primitiven Singens vorläge, dafür existiert nicht der Schatten eines Beweises. Vgl. die folgende Anmerkung.

28 (S. 55) In dem großen Werke von Rowbotham, History of Music, wird (I. Bd., 1885) die Urgeschichte der Musik in der Weise dargestellt, daß in einem ersten Stadium nur ein Ton, in einem zweiten zwei, in einem dritten drei Töne (immer nur um je eine Ganztonstufe verschieden) benützt worden wären. In einem vierten Stadium sei man dann sogleich zu einer 5 stufigen Leiter übergegangen, wobei aber der Schritt von der Terz zur Quinte und der von der Sexte zur Oktave des Grundtons dem Urmenschen als gleichgroß mit den vorhergehenden Ganztonstufen erschienen seien.

Nun ist es natürlich leicht, die uns vorliegenden Musikbeispiele von Naturvölkern so zu ordnen, daß man unter anderem auch diese vier Klassen erhält. Aber es ist nicht möglich, zu beweisen, daß sie streng in dieser zeitlichen Ordnung aufeinanderfolgten. Das pathetische Deklamieren auf einem einzigen Ton oder auf nur wenigen finden wir bis in die neueste Zeit bei allen Völkern neben reichentwickelten Melodien (ganz abgesehen von Fällen eines besonderen Raffinements, wie bei dem bekannten Eintonliede von Cornelius). Wenn auch anzunehmen ist, daß die ersten Gesänge relativ eintönig waren, scheint es mir doch willkürlich und gezwungen, absolute Eintönigkeit (und zwar seltsamerweise nach Rowbotham immer auf dem Tone G) als Ausgangspunkt anzunehmen. Außerdem bleibt es in Rowbothams Darstellung ganz dunkel, wie man gerade auf solche Stufen verfiel, die zueinander gefügt die Oktave ergaben, auch warum die beiden oberen Stufen den vorhergehenden gleichgeschätzt worden sein sollen. Es ist immer der alte Fehler: die Entstehung der konsonanten Intervalle bleibt unerklärt.

Fétis, der das seinerzeit vorliegende ethnologische Material ebenso kenntnisreich wie unkritisch verwendete, hatte bereits in ähnlicher Weise, nur statt aus Ganztonstufen aus Halbton- und noch kleineren Stufen, die Leitern entstehen lassen, wobei ihm die stereotype Berufung auf „fortschreitende Gehirnorganisation" den Mangel psychologischer Erklärungsmittel ersetzte. Solche Darstellungen erscheinen mir viel zu deduktiv. Die Wirklichkeit fügt sich nicht so einfachen Schematismen.

29 (S. 57) Diese Leitern sind von Land, Ellis und mir (nach gemeinschaftlichen Beobachtungen mit Dr. Abraham) mit Sicherheit festgestellt worden (Ph.-A. Nr. 1). Nach einer brieflichen Mitteilung hat Myers bei den Insulanern der Torres-Straße auch Gesänge aufgenommen, die einer gleichstufigen Leiter von 6 Stufen anzugehören scheinen (s. unsere Melodiebeispiele Nr. 9 und 10). Doch stimmen die beobachteten Schwingungszahlen nicht so durchgängig und genau mit den berechneten, daß man einen sicheren Schluß darauf gründen könnte. Bei Gesängen wird man überhaupt niemals eine so genaue Übereinstimmung mit irgendeinem Prinzip erhalten wie bei abgestimmten Instrumenten von der Art der siamesischen und javanischen Xylophone und Metallophone.

Wundt hält (Völkerpsychol. III², 477) die Annahme der Bildung einer solchen gleichstufigen Leiter nach dem bloßen Gehör für „selbstverständlich unzulässig", da sie den in seinem Institut geführten Experimentaluntersuchungen widerspreche. Die positive Erklärung scheint er in gewissen regelmäßigen Abstufungen der Größe der Holzstäbe und der Glocken zu suchen, aus denen die siamesischen Instrumente bestehen. Wenigstens schließe ich dies aus dem Umstande, daß er in meinen Beschreibungen die Angabe der Dimensionen jener Instrumente vermißt. Aber er übersieht meine Bemerkung (Ph.-A. Nr. 1, S. 71, 72, 80), daß die Stäbe an der unteren Seite ausgekehlt und daß überdies zur feineren Abstimmung Wachsklumpen angeklebt sind; ebenso im Inneren der Glocken. Infolgedessen hätte sich aus der gewissenhaftesten Beschreibung der Dimensionen nichts entnehmen lassen. Ein Gang ins Leipziger Museum würde übrigens genügen, solche Ideen auszuschließen. Dort ist z. B. ein 22 stufiges Xylophon aus Birma, dessen Stäbe unten in verschiedenem Maße ausgekerbt sind und auch Stellen erkennen lassen, an denen Wachsklümpchen gesessen haben mögen. (Natürlich darf man daher an solchen Instrumenten, die die Stimmung verloren haben, auch nicht, wie Wallaschek getan, Tonhöhenmessungen machen.)

Nehmen wir aber einmal an, ursprünglich sei die Siamesenleiter doch auf mechanischem Wege entstanden, indem man Stäbe von ganz homogenem Material und überall gleicher Dicke, nur von verschiedener Länge genommen: nach welchem Gesetz mußten dann die Längen abgestuft sein, um diese Leiter zu geben? Da die Schwingungszahlen je zweier benachbarter Töne sich hier wie $1 : \sqrt[7]{2}$ verhalten, und da die Längen der Stäbe unter den genannten einfachsten Voraussetzungen im umgekehrt-quadratischem Verhältnis zu den Schwingungszahlen stehen müssen, so muß man, um bei gegebener Länge l_1 eines Stabes die Länge l_2 des nächsten Stabes zu erhalten, l_1 durch $\sqrt[14]{2}$ dividieren. Wie sollten die Siamesen das wohl ohne Logarithmentafel anfangen? Ich habe selbst (a. a. O. S. 101 f.) eine Hypothese ins Auge gefaßt, nach welcher die Siamesenleiter mechanisch durch eine eigentümliche Saitenteilung entstanden sein könnte, habe aber auch dieses Prinzip als sehr unwahrscheinlich erwiesen. Es wird also wohl dabei bleiben müssen, daß die siamesische und die javanische Gleichstufenleiter dem Gehör entsprungen sind. Wenn dies mit den Leipziger Experimentaluntersuchungen nicht stimmt, so kann ich daraus nur eine neue Bestätigung der darin nachgewiesenen prinzipiellen Versuchsfehler entnehmen. (Vgl. Ztschr. f. Psychologie I, 419 ff. und oben Anm. 17.)

[30] (S. 58) Ph.-A. Nr. 1, S. 96 ff.

[31] (S. 58) Ph.-A. Nr. 21 (Fischer).

[32] (S. 59) Eine besondere Abhandlung über Heterophonie hat Guido Adler veröffentlicht (Jahrbuch der Musikbibliothek Peters, 1908). Da er an Helmholtz vermißt, daß dieser nicht einmal den Namen der Heterophonie anführe, so scheint ihm entgangen zu sein, daß vor meiner Abhandlung über

Siamesenmusik überhaupt niemand von Heterophonie als besonderer Stilform gesprochen hat. Den Ausdruck selbst entnahm ich einer platonischen Stelle, die bei den Philologen viele Diskussionen hervorgerufen hat und die ich bereits früher (Geschichte des Konsonanzbegriffes 1897) durch Auslegung des Wortes „antiphon" im Sinne von „diaphon" verständlicher gemacht zu haben glaube. Es schien mir, daß Plato mit „Heterophonie" das gleichzeitige Umspielen einer Melodie durch Varianten gemeint habe, wie es bei orientalischen Völkern heute vorkommt, und darum schlug ich für diese Art der Musikübung den Namen Heterophonie vor. Aber natürlich war es mir nicht um den Namen zu tun, sondern um die Sache, d. h. um die Zusammenfassung weitverbreiteter und eigenartiger Erscheinungen unter einem besonderen, von dem der Polyphonie und Harmonie ebenso wie dem der reinen Einstimmigkeit unterschiedenen Begriff. Das ist, was in dieser Sache von mir herrührt, ohne daß ich es aber für eine große Leistung ansehen möchte. Lange vorher hatten Dr. Müller und v. Zedtwitz chinesische und japanische, Land und Groneman javanische Partituren veröffentlicht, aus denen der Sachverhalt zu entnehmen war, die ich übrigens auch bereits Tonpsychol. II (1890) S. 402 erwähnte. Daniel de Lang, der von Land-Groneman und von mir (Siamesen S. 131) zitiert wird, hatte diese Art des Musizierens auch schon ganz richtig beschrieben. So viel über das Historische.

Viel mehr aber kommt es darauf an, daß der neue Begriff nicht sogleich wieder seiner Eigenart entkleidet und mit anderen vermengt werde. In dieser Hinsicht möchte ich bemerken, daß das Parallel-Organum und der Dudelsackstil, obgleich beide in Verbindung mit Heterophonie vorkommen können, doch keinesfalls selbst als Heterophonie zu fassen sind, wie es nach der Adlerschen Darstellung, wenn ich sie recht verstehe, den Anschein hat. Ferner daß die vom Verfasser beigebrachten Musikbeispiele nur zum kleinsten Teile wirklich heterophon sind, im übrigen aber entweder nur Fälle verschiedener Formen des beginnenden Kontrapunkts, „nota contra notam", oder, wie die Lineffschen russischen Gesänge, wesentlich Beispiele einer volkstümlich-ungeschickten Harmonisierung. (Frau Lineff beschreibt sie allerdings in der

Einleitung p. XV selbst ganz im Sinne der Heterophonie. Aber ihre Partituren lassen nur erkennen, daß man nach harmonischer Führung der Unterstimmen, besonders nach Terzengängen, strebt und dazwischen immer wieder in Oktavenparallelen oder Unisono zurückfällt. Gelegentlich treten zwar bei diesen Parallelen auch melodische Abweichungen ein, wie in unserer Dorfmusik etwa der Klarinettist seine Seitensprünge macht. Aber eine als Stilprinzip durchgeführte Heterophonie kann ich im allgemeinen hier nicht finden; am ehesten noch etwa in den zweistimmigen Liedern des II. Bandes.)

Auf dem Wiener Kongreß der Internationalen Musikgesellschaft, Pfingsten 1908, hat v. Hornbostel eine Übersicht der mannigfaltigen Zwischenstufen zwischen rein unisoner und harmonisch-polyphoner Musik gegeben. Die ausführliche Klassifikation der Formen, die gedruckt unter die Hörer verteilt wurde, ist nicht in den Kongreßbericht übergegangen; aber es findet sich in diesem eine lehrreiche Darlegung der Anschauungen, die sich der kundigste Forscher über exotische Musik bisher über die Entwicklung in dieser Hinsicht gebildet hat (S. 298f. Vgl. auch Ph.-A. Nr. 19 S. 1038ff. über die Vergleichung des exotischen mit dem mittelalterlichen Organum). In diesen Dingen ist die Untersuchung noch zu sehr im Fluß, um Definitives sagen zu können. Meiner eigenen Auffassung stellen sich die verschiedenen Gattungen des Musizierens in Hinsicht auf Ein- und Mehrstimmigkeit in folgendem Schema dar, bei welchem aber von vornherein zu beachten ist, daß die Gattungen sich in Wirklichkeit mehrfach miteinander verbinden, und daß auch stetige Übergänge von einer zur anderen führen. Eben darum lassen sich die Grenzlinien in verschiedener Weise ziehen.

1. Homophonie = Einstimmigkeit. Man gebraucht heute den Ausdruck homophon vielfach für die einstimmige Melodie mit akkordlicher Begleitung. Dieser Sprachgebrauch wurzelt in dem Vorurteil, daß es Melodien ohne Akkordunterlage überhaupt nie und nirgends geben könne. Es würde mir zweckmäßig scheinen, mit diesem Vorurteil auch den wunderlichen Sprachgebrauch aufzugeben, und mit Helmholtz als homophon nur die rein melodische Musik zu bezeichnen, die

weder objektiv noch auch in der bloßen Vorstellung des Hörers Akkordunterlagen voraussetzt. Kann einer sich primitive Melodien nicht anders als mit Akkordbegleitung vorstellen, so muß er wenigstens in ihrer Beurteilung von solchen subjektiven Zutaten abstrahieren.

Homophonie, wie wir sie hier verstehen, kann aber noch in engerem und weiterem Sinne gefaßt werden. Im weiteren Sinne umfaßt sie noch die Oktavenverdoppelung der Melodie, insofern man nämlich Oktaven als gleiche oder wenigstens äquivalente Töne ansieht.

2. Organum = Singen oder Spielen in Parallelen. Gibt man die Identität der Oktaven nicht zu, so gehören schon alle Oktavenverdoppelungen, wie beim Singen einer Melodie durch Männer und Frauen, hierher. Jedenfalls aber und vor allem handelt sich's um durchgeführte Quinten- und Quartenparallelen. Terzen-, Sexten- und Sekundenparallelen fallen streng genommen nur dann unter diesen Begriff, wenn dabei wirklich das Intervall unverändert bleibt, also nicht große mit kleinen Terzen wechseln, wie dies in unserer Musik durch die diatonische Leiter bedingt ist. Daß in Afrika solche Quasi-Parallelen vorkommen, scheint eben auf einen europäischen Einfluß hinzudeuten. Nur in gleichstufigen Leitern, also auch z. B. in unseren chromatischen, gibt es Terzenparallelen mit völlig unverändertem Intervall.

Natürlich können auf solche Art auch drei und mehr Stimmen sich verbinden, indem z. B. zwei in Oktaven gehen, die dritte zwischen ihnen in der Quinte oder Quarte des tieferen Tones mitgeht.

Zum Organum im weiteren Sinne rechnen wir auch die Fälle, in denen die Parallelität nicht ausnahmslos, Note für Note, durchgeführt, sondern streckenweise andere Intervalle eingefügt sind; wie wenn die Stimmen vom Einklang aus sukzessive zur Quarte übergehen, in diesem Intervall dann parallel weiterschreiten, um am Schluß wieder in den Einklang überzugehen. (Schweifendes Organum Hucbalds, occursus bei Guido von Arezzo, wozu sich gleichfalls Analogien in der exotischen Musik finden.)

3. Bordun- oder Dudelsack-(Orgelpunkt-)weise = das Festhalten eines Tons, während eine andere Stimme eine

Melodie angibt. Der feste Ton kann dabei über oder unter der Melodie, bei mehr als zwei Stimmen auch zwischen den übrigen liegen, er kann ununterbrochen oder mit Pausen, etwa zu Anfang jedes Taktes, angegeben werden, es können auch zwei oder mehr Töne miteinander regelmäßig in unmittelbarer Folge oder kurzen Zeitständen wechseln (Ostinato) und andere Modifikationen eintreten, die das Wesen der Sache doch nicht ändern.

Mit einem primitiven Orgelpunkt fällt eine bestimmte Form des Guidonischen Organums zusammen („saepe autem... organum suspensum tenemus", Noten s. Oxford History of Music I, 69): ein Beispiel des Überganges der Formen ineinander durch Grenzfälle.

4 Heterophonie = gleichzeitiger Vortrag mehrerer Varianten eines Themas. In der einfachsten Form ist dies nichts als eine leichte Modifikation der Homophonie; wenn z. B. ein beweglicheres Instrument oder ein eigenbrödlerischer Sänger da und dort eine kleine Verzierung anbringt. Man möchte sagen, die Heterophonie sei die unausbleibliche Folge des Zusammenwirkens mehrerer, die die nämliche Melodie vortragen wollen; ebenso wie Oktaven- oder Quintenparallelen die unausbleibliche Folge sind, wenn Sänger oder Instrumente mit verschiedener Tonlage dieselbe Weise zugleich vortragen wollen, und der Orgelpunkt, wenn zwei Klangquellen zusammenwirken, deren eine überhaupt nur einen Ton besitzt. Die Heterophonie trat jedenfalls, wie die übrigen Formen, zuerst zufällig ein, entwickelte sich dann aber zur absichtlich gebrauchten Kunstform, die auch angewandt wurde, ohne daß die ursprünglichen Anlässe dazu nötigten.

5. Polyphonie = gleichzeitiger Vortrag mehrerer verschiedener Melodien, die nur etwa gelegentlich in konsonanten Intervallen oder im Einklang zusammentreffen. Auch hiervon scheinen sich Beispiele oder Vorstufen in der exotischen Musik zu finden. Besonders aber bietet die Frühzeit unserer Musikepoche Belege. Das Gehör findet einen Reiz darin, mehreren ganz verschiedenen Melodien zugleich (bzw. in raschem Wechsel der Aufmerksamkeit) zu folgen; und je verschiedener die Melodien in der Richtung, Geschwindigkeit, dem ganzen Charakter der Tonbewegung, um so besser. Auf

die Wirkung der einzelnen so entstehenden Zusammenklänge kommt es dabei nicht prinzipiell an. Sobald dieser Gesichtspunkt wesentlich in Frage kommt, das häufige Zusammentreffen in Konsonanzen und vor allem in konsonanten Dreiklängen angestrebt wird, geht diese Form in die nächste über.

Im weitesten Sinne des Wortes umfaßt Polyphonie natürlich alle Formen außer der ersten. Wir gebrauchen es aber hier im engeren Sinne, den es in der Musikgeschichte erhalten hat: für die Gleichzeitigkeit mehrerer Melodien, die als wesentlich verschiedene aufgefaßt werden. In diesem Sinne steht sie neben den übrigen Formen, wenn auch Übergänge überall denkbar sind.

6. Harmonische Musik = die schon im gleichzeitigen Erklingen mehrerer unterschiedener Töne und in der Aufeinanderfolge solcher Tonkomplexe Quellen ästhetischer Lust und Unlust findet.

Ich möchte nicht behaupten, daß den Naturvölkern die Freude am Mehrklang als solchem, also eine Vorstufe unseres Harmoniegefühls, gänzlich und allenthalben fehle (vgl. Abbildung 2 und 3). Aber unser Akkordsystem, wie es sich allmählich entwickelt hat, mit seinen Hauptdreiklängen in Dur und Moll auf dem Grundton, der Dominant und Subdominant, mit den aus den Dreiklängen resultierenden Tonleitern, in denen jeder Ton erst von den Dreiklängen aus Sinn und Wirkung, ja auch erst seine genaue Abstimmung erhält, mit den dissonanten Akkorden (Diskorden), die nach bestimmten rationellen Regeln in die Hauptdreiklänge und zuletzt in den Grunddreiklang übergehen — das ist etwas durchaus Neues, wozu wir vor dem letzten Jahrtausend ebenso wie in der gegenwärtigen exotischen Musik keine Seitenstücke finden.

Die harmonische Musik hat aber alle früheren Formen nach Möglichkeit in sich aufgenommen. Wie sie sich mit Polyphonie verknüpft, lehren die großen Meister kontrapunktischer Kunst. Heterophone Bildungen finden sich tausendfach innerhalb des harmonischen Rahmens, schon bei jeder die Melodie mit Figuren verzierenden Nebenstimme. Im obstinaten Baß, im Orgelpunkt ragt die Bordunweise herein, das Organum im Quintieren des Volkes, in den „Mixturen" der Orgel, wie in so manchen modernen Kühnheiten, bei denen allerdings vielfach darauf gerechnet ist, daß man die Parallelen nicht deutlich wahrnimmt. Nur die strenge Homophonie existiert für unser Bewußtsein insofern nicht, als auch eine vollkommen einstimmig ausgeführte Melodie, wenn sie innerhalb unserer Dur- und Molleitern liegt und den sonstigen Charakter unserer Melodien trägt (deutliche Tonika, gewohnte Rhythmik und Struktur), von uns unwillkürlich nach dem harmonischen Schema aufgefaßt wird. Immer schwingen Dreiklänge sozusagen mit. Anders freilich, wenn man sich durch Gewöhnung an exotische Weisen umtrainiert.

Ein solche Einfügung anderer Formen in eine vorherrschende Hauptform finden wir aber auch in exotischer Musik. So sind in der heterophonen Musik der Siamesen, Javaner, Chinesen häufig längere Quartenparallelen eingefügt. In China kommt nach neueren uns zugekommenen Aufnahmen sogar eine interessante Spielart der Heterophonie vor, bei der zwei Stimmen ein Thema gleichzeitig in Varianten, aber im Abstand einer Quarte vortragen, also eine durchgeführte Verknüpfung von Prinzip 2 mit 4. (Ph.-A. Nr. 29.)

Alle bisher vorfindlichen Arten der Musikübung in Hinsicht der Ein- und Mehrstimmigkeit dürften sich in die angegebenen Formen auflösen lassen.

Zweiter Teil.

Gesänge der Naturvölker.

Die folgenden Beispiele sollen die Ausführungen des Textes und der Anmerkungen wenigstens teilweise erläutern und belegen. Die meisten davon sind den in Anm. 1 näher bezeichneten Quellen entnommen. Ph.-A. Nr... bedeutet die Nummer der dort erwähnten Publikationen aus dem Berliner Phonogramm-Archiv.

Die Naturvölker haben meistens eine ungeheure Passion für das Singen. Sie singen bei jeder Gelegenheit und stundenlang, wobei die nämliche Weise unbegrenzt, wenn auch nicht immer unverändert, wiederholt werden kann. Wo in unseren Notationen Wiederholungszeichen für ein ganzes Lied angegeben sind, bedeuten sie in der Regel eine solche vielfache Wiederholung. Aber auch wo wir, der Originalschreibung eines Verfassers folgend, keine solchen Zeichen hingesetzt haben, ist anzunehmen, daß in Wirklichkeit solche Wiederholungen stattfanden.

Nennen wir die folgenden Melodieproben „primitiv", so muß man diese Bezeichnung, wie gegenüber den meisten Produkten sogenannter primitiver Kunst, die der Gegenwart angehören, nicht zu wörtlich nehmen. Es sind eben Gesänge von schrift- und literaturlosen Völkern. Wenn man sich aber in die Struktur der Melodien vertieft und zugleich überlegt, was alles vorausgegangen sein muß, um die Entstehung solcher Gebilde möglich zu machen, so wird man sie in den meisten Fällen als Produkte eines schon ziemlich entwickelten Kunstsinnes ansehen müssen. Die Grenzlinie zwischen einer von theoretischem Nachdenken befruchteten und einer urwüchsig reflexionslosen Kunst bleibt dabei immerhin bestehen. Die Begriffe „exotisch" und „primitiv" dürfen heute nicht mehr zusammengeworfen werden, wie es z. B. noch Ambros tat, als er die chinesische, indische, arabische Musik unter dem Kapitel „Anfänge der Tonkunst" brachte; wie es aber sogar in einem neueren großen Werke über diesen Gegenstand geschieht, wo in den Melodiebeispielen die alte chinesische Tempelhymne mitten zwischen einem Gesange der Papua und einem der Fidschi-Insulaner angeführt wird.

Allgemein gilt, daß der Eindruck eines primitiven Gesanges durch die Noten mehr oder weniger ungenügend wiedergegeben wird. Schon die Intonation unterliegt an vielen Stellen eigentümlichen Abweichungen. Durch besondere Zeichen (s. u.) suchen wir an bemerkenswerteren Stellen diese Abweichungen und sonstige Eigentümlichkeiten der Intonation anzudeuten. Aber auch die Art der

Stimmgebung und zahlreiche Vortragsgewohnheiten, von denen unsere Verzierungen (Vorschläge u. dgl.) nur ein abgeschwächtes Bild geben, sind für den Gesamteindruck oft ebenso wesentlich, als der Notenbestand. Unsere eigenen Gesänge könnten in späteren Zeiten, wenn nicht phonographische Aufnahmen da wären, nach den bloßen Noten nur in sehr unadäquater Weise wiedergegeben werden. Auch die Vortragszeichen würden nicht hinreichen, namentlich da man über ihre Ausführung ebenso streiten würde, wie man heute über die Ausführung der um zwei Jahrhunderte zurückliegenden Zeichen schon streitet. Wenn wir gar den wirklichen Klang einer Plica oder eines Ochetus (Schluchzer) aus dem 13. Jahrhundert hörten, würden wir uns wahrscheinlich verwundern. Gerade der Gesang ist zu allen Zeiten ganz durchsetzt von Vortragsmanieren, und gerade die des Gesanges lassen sich am wenigsten genau in Zeichen fixieren. Mit solchen jetzt veralteten gesanglichen Vortragsformen scheinen nun die der Naturvölker eine gewisse Ähnlichkeit zu haben. Einiges darüber ist bei unseren Notenbeispielen in den Erläuterungen sowie oben in Anm. 12 bemerkt. Näheres in Bakers Indianergesängen, in meiner Arbeit über die Bellakula-Indianer, in den Abhandlungen aus dem Phonogramm-Archiv und in neueren Beschreibungen von Forschungsreisenden (die älteren Berichte kümmerten sich wenig um solches Detail).

Schwierigkeiten macht aber auch vielfach der Rhythmus und die Takteinteilung. In manchen Fällen ist alles sofort klar, in anderen kommt man entweder überhaupt nicht zu einem Rhythmus, der sich in unsere Taktformen fügt, oder man muß beständig mit dem Takte wechseln. Und doch ist es besser, wo es geht, dieses Hilfsmittel anzuwenden: die Akzentverteilung, die durch die Taktgliederung gegeben ist, erleichtert die Übersicht der ganzen Struktur außerordentlich.

Die Texte der Gesänge sind fast überall weggelassen, da sie doch nur wenigen Eingeweihten verständlich wären. Nur die Bestimmung eines Liedes wird, wo Angaben darüber vorliegen, in den Erläuterungen vermerkt.

Vielfach hat man die notierten Gesänge um eine Oktave tiefer zu denken, da von den Autoren der Violinschlüssel auch für Männergesänge gewählt wurde, wie er ja auch bei uns für den Tenor benutzt wird.

+ über der Note bedeutet Erhöhung, − Vertiefung eines Tones, ⸺ ein schleifendes Herabsteigen aus nicht genau bestimmbarer Höhe zu dem betreffenden Ton, bzw. ein Herabsteigen von ihm aus, ⸺ eine gleitende Verbindung zweier Töne, ⸺ ein legatissimo, ♩♩♩ eine mehrmalige merkliche Akzentuierung eines Tones, ohne daß er doch neu einsetzte (Pulsando, namentlich bei Indianern stehende

Vortragsgewohnheit, übrigens auch im Mittelalter als „reverberatio" und bis ins 18. Jahrhundert als „vocalisazione aspirata" oder „balancement" gebräuchlich), ♩ das nämliche, wenn die Dauer des Tones den Wert einer Viertelnote nicht überschreitet, ˅ eine Atempause ohne Zählwert. Die Einklammerung eines Tons (♩) bedeutet, daß seine Höhe nicht genau erkennbar ist. Die Vorzeichnung zweier Taktarten, wie ⅜⅘, soll heißen, daß die beiden einander regelmäßig, Takt um Takt in dem ganzen Gesang ablösen.

Die meisten der folgenden Gesänge sind nach phonographischen Aufnahmen wiedergegeben, wobei die größte Zuverlässigkeit erzielt werden kann. In einigen Fallen habe ich aber auch nach direktem Hören niedergeschriebene eingefügt, die besonders gut beglaubigt sind oder, wenn auch in Einzelheiten Zweifel bleiben, durch gewisse Eigentümlichkeiten, die man für richtig wiedergegeben halten darf, besonderes Interesse bieten. Die aus dem Berliner Phonogramm-Archiv stammenden Notierungen wurden, soweit sie schon veröffentlicht sind, von den Herren v. Hornbostel und Fischer unter meiner Mitbeteiligung wiederholt genau nachgeprüft, woraus sich kleine Abweichungen von der früheren Form erklären. Man kann ja vielfach den Takt, die Vorzeichnung, auch einzelne Töne, die zwischen den unsrigen liegen, verschieden schreiben; überdies ist durch die fortgesetzte Übung den beiden Herren eine immer größere

Sicherheit in der raschen Erfassung der Details zugewachsen. Mehrere Gesänge sind hier ausführlicher wiedergegeben als bei der ersten Veröffentlichung, andere zum ersten Male publiziert.

Wir beginnen die Reihe mit den primitivsten Gesängen, die uns zuverlässig und genau bekannt sind, denen der Wedda in Ceylon, ordnen aber die folgenden nicht nach dem Prinzip fortschreitender melodischer Entwicklung, sondern gehen, im allgemeinen wenigstens, in geographischer Richtung von da östlich weiter nach der Südsee zu, dann nach Amerika, das wir von Süden nach Norden durchwandern, weiter zu den Eskimo, endlich nach West- und Ostafrika. Innerhalb kleinerer geographischer Gruppen wird man dabei immerhin öfters zugleich einen Fortschritt in der Melodiebildung bemerken. Aber es ist vorläufig nicht möglich und wird vielleicht auch später nicht möglich sein, aus den sämtlichen musikalischen Produkten der Menschheit eine eindeutig fortschreitende Reihe aufzustellen, weil der Fortschritt von Anfang an in sehr verschiedenen Richtungen erfolgt. Dagegen werden wir allmählich bei den geographisch benachbarten oder ethnologisch zusammenhängenden Völkergruppen auch immer mehr zusammenhängende oder verwandte musikalische Zustände finden und so ein großes einheitliches Bild der musikalischen Leistungen gewinnen. Die folgende Zusammenstellung erhebt nicht den entferntesten Anspruch hierauf, sie will nur ganz fragmentarische Proben liefern, an denen bestimmte Eigentümlichkeiten besonders deutlich hervortreten. Man kann aber nicht daran zweifeln, daß binnen kurzer Zeit die musikalischen Merkmale ebenbürtig neben die übrigen treten werden, die uns den Zusammenhang der Völker auf der Erde erkennen lehren. Können doch in einzelnen Fällen schon jetzt die darauf gegründeten Schlußfolgerungen das Gewicht größter Wahrscheinlichkeit beanspruchen, namentlich wenn man mit dem Bau der Melodie zugleich den der Instrumente und deren genaue Abstimmung berücksichtigt, wobei sich in Hinsicht der absoluten Tonhöhe, der Leitern u. s. f. Koinzidenzen gezeigt haben, deren zufälliges Vorhandensein allen Wahrscheinlichkeitsregeln widersprechen würde.

Die Voraussetzung für solche Durchschlagskraft ist aber sorgfältiges Studium aller Einzelheiten, bei den Melodien ebenso wie bei den Instrumenten. Die unseren Beispielen beigefügten Bemerkungen mögen weiteren Kreisen eine Vorstellung davon gewähren, auf welche Punkte es dabei ankommt. Ohnehin verdienen ja alle Dokumente, die Licht auf die Urgeschichte und die noch bestehenden tieferen Kulturstufen unseres Geschlechtes werfen können, genaueste Analyse. Untersuchen wir gewissenhaft prähistorische Töpfe und Scherben und jede Kante eines Eolithen, vergleichen und zergliedern wir

— und zwar mit Recht — die scheußlichsten Fratzen, die rohesten Zeichnungsversuche, so müssen wir auch den musikalischen Produkten primitiver Völker ein objektives und eindringendes Studium widmen, statt sie, bis zur Unkenntlichkeit modernisiert und mit Klavierbegleitung versehen, als „U. S. A. National Music" süß singenden Salondamen oder erfindungsarmen Komponisten zu überliefern. Die scharfen Worte, mit denen v. Hornbostel diese Unsitte gegeißelt hat, sind leider nur zu zeitgemäß.

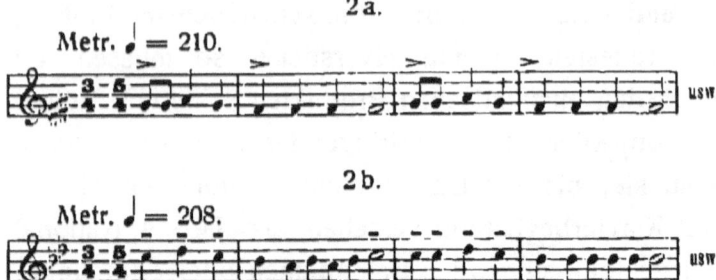

1a und 1b sind zwei Lieder der Wedda auf Ceylon nach phonographischen Aufnahmen der Frau Professor Selenka (Ph.-A. Nr. 20). Drei bzw. zwei Töne bilden das mit geringen Varianten immer wiederholte Motiv. Das Intervall der beiden tieferen Töne bei 1 ist nach Dr. Wertheimers Messungen ein Ganzton, das des mittleren zum höchsten ein Halbton, so daß hier der Melodieumfang eine kleine Terz beträgt. Der höchste Ton kommt hauptsächlich im Anfange vor, in den Schlußformeln niemals. In dem zweiten Liede sind aber die Abstände verkleinert. Die beiden tieferen Töne stehen nur um einen $^3/_4$-Ton voneinander ab, und ein dritter höherer, der auch hier gelegentlich vorkommt, liegt nur $^1/_4$-Ton über dem zweiten, so daß der ganze Umfang hier nur einen Ganzton ausmacht. Vielleicht ist der dritte Ton hier überhaupt nicht beabsichtigt, sondern nur durch eine stärkere Akzentuierung des zweiten entstanden. Da die beiden Lieder von verschiedenen Sängern, einem alten und einem jungen, gesungen wurden, kann man die verschiedene Stufengröße vielleicht als individuelle Eigentümlichkeit der Sänger betrachten.

Die Metronomisierung ist hier nach den Angaben von Frau Selenka, die sich der Gesänge noch sehr genau erinnert, beigefügt (sonst pflegt das S. 11 erwähnte Mittel dazu zu dienen). Das Zeitmaß wird streng innegehalten. Die Taktstriche habe ich gegenüber dem Original vermehrt. Man könnte den häufigen Taktwechsel reduzieren, wenn man $^2/_4$ als Haupttaktart wählte, aber die Periodisierung tritt in unserer Schreibart deutlicher hervor. Die Einschiebung oder Auslassung einzelner Taktteile, wodurch aus geradzahligen ungeradzahlige Taktarten werden, widerstrebt unserem Gefühl, findet sich aber bei Naturvölkern häufig. Sie mag mit dem Text oder der Vortragsnuancierung zusammenhängen.

Wir würden vom musikalischen Standpunkte die beiden Lieder als ziemlich identisch, als wenig verschiedene Formen derselben Melodie betrachten. Wahrscheinlich gelten sie den Wedda auch nur als Abarten innerhalb eines Typus. Die Texte sind verschieden (das erste ist nach einer Notiz bei Seligmann „The Vedda" ein Unterhaltungslied).

Dieser Art sind fast alle von Frau Selenka mitgebrachten Gesänge. Auf einer (von Dr. Wertheimer nicht wiedergegebenen) Walze findet sich allerdings ein Duett, bei dem unverkennbar zwei nach einer gewissen Regel, doch in schwer auflösbarer Weise, gleichzeitig singen. Sie bewegen sich dabei aber auch nur im Umfange einer kleinen Terz.

Diese Wedda-Gesänge mögen ein Beispiel jener Ur- oder Vorstufe der Musik geben, die nur kleine Tonschritte verwendet. Weder Konsonanz noch Tonverwandtschaft scheinen dabei eine Rolle zu spielen. Dennoch haben sie schon eine gewisse Struktur, bestimmte, regelmäßig wiederkehrende Wendungen mit Varianten, endlich besondere, bestimmt gebaute Schlußformeln. Der Schlußformel selbst geht immer ein „Vorbau" voraus, dessen letzter Ton regelmäßig der tiefste ist, während der Schluß selbst oft in dem mittleren Ton erfolgt; z. B.

2a und b sind gleichfalls Wedda-Gesänge aus dem Werke „The Vedda" von C. G. und B. Z. Seligmann (1911), worin der Psychologe Ch. S. Myers (Cambridge) zahlreiche phonographisch aufgenommene Lieder wiedergibt und analysiert. Er teilt sie in drei Gruppen, je nachdem sie nur 2 verschiedene Töne oder 3 oder 4—5 verwenden. Aber bei den letzteren vermutet er schon fremde Einflüsse. Die der beiden ersten Gruppen sind den Wertheimerschen recht ähnlich, wie dies ja bei dem geringen Tonvorrat, den kleinen Stufen und der einfachen

Rhythmik kaum anders sein kann. Die beiden hier ausgewählten (aus Gruppe B und C), die dem primitivsten Wedda-Stamme, den Sitala Wanniya, angehören, sind interessant durch die regelmäßig wiederkehrende Taktfolge $^3/_4$, $^5/_4$, die sich ebenso auch bei einem anderen Liede desselben Stammes (einem Schlafliede) findet. Die Akzentverteilung bei 2a hindert uns, etwa einfach $^4/_4$ vorzuschreiben. Die beiden Lieder sind wieder, wie bereits Myers bemerkt hat, offenbar nur Varietäten eines Melodietypus (oder melodisch überhaupt identisch)[1]. Bei dem zweiten Liede wurden die beiden oberen Töne regelmäßig etwas vertieft intoniert, so daß alles näher aneinanderrückt, ähnlich wie im zweiten der Wertheimerschen Gesänge.

Übrigens sind nicht alle Myersschen Gesänge in Taktform geschrieben, viele fügten sich einer solchen nicht. Das gleiche Zeitmaß der Wertheimerschen und der Myersschen Lieder scheint Zufall, es finden sich auch viele andere Metronomzahlen.

Die Wedda, wenigstens die ursprünglichen und von Nachbarstämmen unbeeinflußten, denen diese Gesänge angehören, haben keine Instrumente, nicht einmal Schlaginstrumente.

---

[1] Beim ersten ist in Myers Notierung nur aus Versehen ein drittes Kreuz, für ais, vorgezeichnet; nach den tonometrischen Angaben S. 353 ist das Intervall der beiden höheren Töne sogar noch etwas kleiner als ein Halbton.

Wir lassen zwei Beispiele von den Ureinwohnern der Andamanen-Inseln folgen. Sie sind zwar nicht phonographisch aufgenommen, dürften aber aus äußeren und inneren Gründen im wesentlichen richtig notiert sein. Besonders gilt dies vom ersten, das nebst acht weiteren ganz ähnlichen Proben von M. V. Portman bei südlichen Stämmen der Inselgruppe aufgeschrieben wurde. (Andamanese Music, Journ. of the R. Asiatic Society, Vol. XX, Part II, p. 181 ff.) Die genauen Detailbeschreibungen andamanesischer Musik, die Portman gibt, erwecken Vertrauen. Die Intervalle betreffend bemerkt Portman (der statt f immer eis schreibt), daß die als Halbtonschritte notierten Stufen eigentlich als Vierteltöne gesungen wurden, daß sie aber wahrscheinlich doch als Halbtonstufen gemeint seien. Sie werden wohl, wie bei den Wedda, unseren Stufen nicht genau entsprechen, da unsere chromatische Leiter ein spätes Entwickelungsprodukt ist, hier aber nur eben kleine, durch die Stimme noch unterscheidbare Stufen gesungen werden, die natürlicherweise nicht immer ganz gleich ausfallen. Es wäre inkorrekt, aus solchen Notierungen und Berichten den Gebrauch von Vierteltönen im theoretischen Sinne des Wortes zu erschließen. Überdies gibt Portman dem Gehör der Andamanesen ein schlechtes Zeugnis. Einen angegebenen Ton konnten die besten Sänger nur nahezu treffen, die meisten blieben um einen Halbton darunter oder darüber. Um so weniger darf man ihnen eine Leistung zuschreiben, die hohe Ausbildung der Stimme und des Gehörs verlangen würde. Der systematische Gebrauch von Vierteltönen und noch kleineren Unterschieden, wie er z. B. von den Griechen berichtet wird, ist ein Produkt raffinierter Kultur.

[Einige vielfach zitierte Beispiele angeblicher Viertelton-Musik seien hier nebenbei beleuchtet. Es sind aus Neuseeland in dem Werke des Gouverneurs Grey (vgl. unsere Anm. 12) vier Melodien überliefert, die Davies, der eine gelehrte Einleitung über das enharmonische System der Griechen vorausschickt, unter Zuhilfenahme eines Monochords aufgeschrieben hat, und die sich nicht bloß in Vierteltönen, sondern sogar in enharmonischen Intervallen bewegen. Ein Lied z. B., das sich in den bisherigen Beispielsammlungen ohne eine kritische Bemerkung aufgenommen findet, besteht fast nur aus den Noten d, eses, e, eis, f. Die Eingeborenen sollen also d und eses, eis und f unterscheiden. Das mag ein anderer glauben!

Auch die in dem alten Reisewerke von Langsdorff notierte und sehr häufig angeführte, ohne Fragezeichen übernommene Melodie der Nukahiwa (auf den Washington-Inseln im Stillen Ozean) soll in Vierteltonschritten gesungen worden sein. Sie geht fortwährend von e nach g und wieder zurück. In der Notierung sind als Zwischenstufen nur f und fis angegeben, in den Bemerkungen dazu (von Tilesius) ist aber erwähnt, daß es sich um Vierteltonschritte handele. Es war wohl auch nur ein Hinauf- und Herunterziehen des Tones, ein „brummendes Ziehen" der Stimme, wie es auch in dem Berichte genannt wird. Übrigens ist die Notierung mangelhaft. Aus den Erläuterungen geht z. B. hervor, daß irrtümlicherweise der Violin- statt des Baßschlüssels vorgezeichnet ist, was bereits Fétis richtiggestellt hat.]

Sämtliche Gesänge Portmans bestehen aus Solo und nachfolgendem Chor, und alle bewegen sich in diesen kleinen Stufen aus drei Tönen; nur die absolute Tonhöhe ist verschieden angegeben. Der Schlußton ist aber nicht überall der mittlere, sondern auch manchmal der höchste oder tiefste von den dreien. Das Solo wurde in freierem Tempo gesungen, die Chöre streng im Zeitmaß.

Sehr bemerkenswert sind die Oktaven- und Quintenparallelen des Chors, die sich ebenso bei jedem Liede wiederholen. Bezüglich der Quinten bemerkt Portman auch wieder, daß er sie zwar für durchweg intendiert halte, daß sie aber gelegentlich als kleine Sexten intoniert wurden; wie überhaupt noch andere Intervalle als die notierten zum Vorschein gekommen seien, die er jedoch nur als Herausfallen aus dem angestrebten Unisono der einzelnen Stimmen auffasse. Alles dieses zeigt den guten Beobachter.

An Instrumenten besitzen die Andamanesen nur Pauken, die bei den Chorgesängen in Tätigkeit treten, wie das Beispiel zeigt.

Nr. 4 findet sich in dem Werke von E. H. Man, On the Aboriginal Inhabitants of the Andaman Islands, 1883, S. 172. Es ist von Dr. Brandes notiert. Die Erläuterungen sind dürftig. Die untere Stimme, die dort als die Note d erscheint, ist sicherlich nicht als Gesangsstimme, sondern als Paukenrhythmus zu verstehen. Der geringe Tonumfang des Gesanges und die monotone Wiederholung (das Stück geht jedenfalls noch beliebig lange so weiter, der Verfasser erzählt von stundenlangen nächtlichen Gesängen) entspricht so sehr den vorher angeführten zuverlässigen Beispielen, daß wir auch dieses im wesentlichen als authentisch betrachten dürfen. Es scheinen bei den Ureinwohnern der Andamanen, wie bei den ursprünglichsten Stämmen der Wedda, Melodien mit größerem Tonumfange nicht vorzukommen. Um so wichtiger ist der Gebrauch der Oktave und Quinte bei den Chorgesängen.

7.

Gesänge des Waldvolkes der Kubu auf Sumatra, nach phonographischen Aufnahmen des Museumsdirektors Hagen in Frankfurt a. M. (Ph.-A. Nr. 16). Hier begegnen wir einem gänzlich anderen Typus. Es dominieren die großen konsonanten Intervalle Oktave, Quinte, Quarte, die auch ziemlich rein getroffen werden, obgleich die Kubu auf einer sehr tiefen Kulturstufe stehen und ihre Gesänge sich sonst nicht in unsere Formen, namentlich nicht in eine Takteinteilung fügen. Wo eine Trommelbegleitung vorhanden ist, scheint sie im wesentlichen siebenteilig, aber außer Zusammenhang mit den rhythmisch betonten Stellen des Gesanges. Nur an zwei Gesängen glaubt v. Hornbostel, der alle untersucht und in Noten gebracht hat, auch eine etwas festere und zwar siebenteilige Rhythmik zu erkennen, die allerdings an verschiedenen Stellen durch Einschaltung von Pausen, durch Verkürzungen oder Verlängerungen des Tonbestandes unterbrochen wird.

Nr. 5, als „Minnelied eines Jünglings" bezeichnet, aber von einem älteren Mann gesungen, beginnt mit einem Triller oder Tremolo auf der Oktave des Grundtons (wenn wir a^1 als Grundton betrachten), senkt sich dann durch eine erhöhte große Terz (cis^2), die möglicherweise als Quarte des Grundtones zu verstehen ist, auf diesen herab und verweilt lange darauf, mit Ausweichungen um einen Ganzton nach unten. Dann folgt ein Rezitieren auf den beiden letzten Tönen, das aber v. Hornbostel keineswegs als einen Sprachgesang im eigentlichen Sinne bezeichnet wissen will, da das tonale Element stets scharf ausgeprägt bleibt. Darauf setzt die Stimme wieder stärker auf der frei angeschlagenen Quinte ein, steigt unvermittelt zur langgehaltenen Oktave und sinkt wieder in ähnlicher Weise herab. So folgen noch verschiedene Wiederholungen mit genau gleicher Intonation.

Nr. 6, eine Zauberformel zur Krankheitsheilung, vom Zauberdoktor gesungen, zeigt dieselbe Tonbewegung, durchläuft aber alle Töne einer fünfstufigen Leiter (bei der Wiederholung ist noch ein f als Durchgangston eingeschaltet). Zwischen den hier mitgeteilten Stellen bewegt sich die Stimme längere Zeit nur auf d, e, g, ähnlich wie im ersten Stück (g, a), aber mit ausgesprochenem Zeitmaß.

Von ähnlicher Art sind die meisten übrigen Kubugesänge. Fast alle setzen auf einer hohen, sehr lange gehaltenen Note, meistens der Oktave des Haupttones mit großer Tonstärke ein. Der Klangfarbe nach ist es oft mehr ein Schreien als Singen, aber den Intervallen nach Musik im eigentlichsten Sinne des Wortes. Überall treten die konsonanten Intervalle als Ruhepunkte stark hervor, gelegentlich auch die kleine Septime des Grundtons. Die Sekundenschritte, meist große, zuweilen auch kleine, mögen dabei immerhin nur durch bloße Distanzabmessungen getroffen werden. Aber bei den unvermittelt einsetzenden und gut getroffenen Quarten, Quinten, Oktaven ist dies unmöglich anzunehmen. Öfters wird ein Ton auch durch ein rasches, stetiges Glissando von oben oder unten erreicht, ohne daß die Sicherheit der Intonation darunter litte.

Die ganze Tonbewegung erinnert offenbar stark an die der tirolischen Juchzer und erscheint als ein guter Beleg für die vorgetragene Hypothese vom Ursprung der Musik aus Signalrufen. Einer der Gesänge wird auch direkt als „Zuruf der Kubu im Walde" bezeichnet. Er geht vom Anfangston direkt um eine volle Duodezime herab und besteht wesentlich nur aus diesen beiden Tönen.

Nr. 7 ist ein Duett, vom Zauberdoktor und einer Frau gesungen. Diese hält die höhere Oktave des Grundtons, zu der sie von einer unbestimmt intonierten Quinte stetig herabsteigt, lang aus, während der Mann auf dem Grundton und dessen Unterquarte rezitiert. So geht es auch weiter. Interessant als primitivste Art einer Orgelpunktmehrstimmigkeit.

Die Kubu besitzen Blasinstrumente, mehrere Arten von Flöten, die allerdings von den benachbarten Javanern übernommen scheinen. Diese Instrumente haben zur Einbürgerung und Festigung der Intervalle im Bewußtsein der Sänger gewiß beigetragen, werden aber bei obigen Gesängen nicht gebraucht.

8.

An der Westküste von Australien (Beagle-Bay) von Missionaren phonographisch aufgenommen; bisher unveröffentlicht. Das Lied wird immerfort wiederholt, dabei aber statt des letzten c häufig das Anfangs-e vorweggenommen, so daß dieses fünfmal auftritt. Es wird in genauem Zeitmaß gesungen und schreibt sich am einfachsten wie hier, in zwei Abteilungen zu je 12 Vierteln gegliedert, die erste in vier ³/₄-Takten, die zweite in drei ⁴/₄-Takten; doch würden nach der Akzentuierung die ersten 12 Viertel sich noch besser in die Taktfolge ⁴/₄, ⁵/₄, ³/₄ fügen. Der Gesang wird durch Trommelschläge auf jedem Viertel und durch Ratteln begleitet.

Das Beginnen auf hohen starken Tönen und die Senkung auf tiefe schwache scheint für australische

Gesänge ganz typisch zu sein. Zahlreiche Berichterstatter aus alter und neuer Zeit von Collins bis Beckler tun dieses Zuges Erwähnung. Auch von den Karesau-Papua in Deutsch-Neuguinea berichtet Prof. P. Schmidt, daß der Melodiengang zumeist absteigend sei; der Schluß erfolge dort stets auf der unteren Tonika oder mit einem Sprung von da zu ihrer höheren Oktave. (3. Kongreßbericht der Internationalen Musikgesellschaft 1909, S. 297.)

Diese Gesänge hat Ch. S. Myers auf den Murray-Inseln in der Torres-Straße phonographisch aufgenommen und seine darnach gemachten Abschriften und Messungen mir freundlichst überlassen. Auf den Triolen des ersten Liedes wird immerfort das Wort „semarer" wiederholt.

Das merkwürdigste an beiden Liedern ist, daß sie auf das Bestreben hinzuweisen scheinen, die Oktave in sechs gleiche Teile zu zerlegen, ähnlich wie dies durch unseren temperierten Ganzton geschehen kann. Nach den von Myers beigegebenen tonometrischen Bestimmungen entsprechen die Intervalle, wenigstens bei dem ersten Gesang, ziemlich gut einer solchen Voraussetzung. Bei dem zweiten wird der Ganzton mit dem Absteigen immer kleiner, so daß der letzte der drei Schritte nur einen guten $^3/_4$-Ton beträgt. In einem dritten, hier nicht mitgeteilten Liede, dessen Struktur dem des ersten gleicht (stufenweise absteigend mit einem aufsteigenden Oktavenschritt in der Mitte) werden einzelne Stufen doch erheblich größer als unser Ganzton genommen. Es ist daher zunächst, bis wir weitere Anhaltspunkte haben, noch nicht als sicher zu betrachten, daß wirklich eine gleichstufige Sechstonleiter intendiert ist.

Bemerkenswert ist jedenfalls wieder die überall festgehaltene Tonbewegung nach unten, ebenso aber das Vorkommen des Oktavenschrittes, der auch, wie es scheint, gut getroffen wird.

11.

Zwei Proben aus dem südlichen Teile von Neu-Mecklenburg (Ph.-A. Nr. 12). Nr. 11 ist ein „Regenzauber" aus Lamassa, von einem Häuptling gesungen. Die Rhythmisierung bot, so einfach sie jetzt aussieht, v. Hornbostel enorme Schwierigkeiten und machte die Notierung zu einer wahren Geduldsprobe. Das gewählte Taktschema scheint, obgleich es den melodischen und dynamischen Akzenten zuweilen nicht entspricht, dem Eindruck noch am ehesten gerecht zu werden. Der erste Ton wird, wie bei anderen Liedern aus der gleichen Gegend, mit einem Abwärts-Glissando eingeleitet, das so geschickt in den ersten Ton übergeführt wird, daß es schwer fällt, diesen als den Anfangston zu erkennen. Den Schluß bildet eine Art Lippentriller, aus einer auf- und abwärtsgleitenden Tonbewegung mit gleichzeitigem br bestehend; v. Hornbostel vermutet darin eine symbolisierende Nachahmung des Donners.

Nr. 12 wird zum Sonnentanzfest in King von vielen Sängern gleichzeitig gesungen und von Tanz-Evolutionen begleitet; in den Phonographen sang aber nur einer. Die Periodisierung ist klar: jede Strophe hat einen hohen und einen tiefen Teil, der immer mit einem längeren Verweilen auf dem tiefsten Ton endet. Die Melodiebewegung bleibt sich im allgemeinen bei den Wiederholungen gleich, aber jede Strophe (es sind noch mehrere in v. Hornbostels Abhandlung veröffentlicht) bringt Varianten. Das Zeitmaß wird trefflich innegehalten; aber Takt in unserem Sinne ist nicht hineinzubringen, wenn auch zeitweise ein $^4/_4$-Takt hervorzutreten scheint.

Sehr merkwürdig ist hier, wie auch bei anderen Neu-Mecklenburgischen Gesängen, der beständige Wechsel zwischen Falsett- und Bruststimme (durch F und B bezeichnet) beim hohen und tiefen Teil, wobei das Falsett sehr weich und angenehm klingt und der Übergang der Register ineinander geschickt ausgeführt wird. Auch das freie Einsetzen der Duodezime bei den Wiederholungen ist sehr bemerkenswert.

Die Intonation der Intervalle, die v. Hornbostel hier genau gemessen hat, wird durch die Noten teilweise nur annähernd wiedergegeben. Bei Nr. 11, welches nur aus den Tönen a — d^1 — e^1 — g^1 besteht, ist die Quarte a — d^1 stark vergrößert. Die Quarte d^1 — g^1 rein. e^1 liegt fast genau in der Mitte zwischen d^1 und g^1. Man hat also a immer erheblich tiefer, e^1 erheblich höher zu nehmen, als es nach unserer Intonation der Fall wäre. Bei 12 ist die Terz e^2 von c^2 aus gerechnet auch etwas erhöht. Sehr rein sind die Oktaven $c^1 — c^2$, $d^1 — d^2$, $e^1 — e^2$. a ist gegen a^1 ein wenig, aber auch nur unbedeutend, zu tief. Die Intonation der Oktaven ist überhaupt bei Naturvölkern durchschnittlich von auffallender Reinheit.

In Neu-Mecklenburg finden sich wohlausgebildete Panpfeifen, auf denen Melodien geblasen werden, also eine selbständige Instrumentalmusik. Diese Pfeifen weisen nach v. Hornbostels Untersuchungen deutlich auf eine frühere Verbindung mit Java hin. Aber die Gesänge scheinen mit den auf den Pfeifen vorgetragenen Tonweisen nicht enger zusammenzuhängen.

Diese für unsere Ohren recht anmutende Weise, als „Totenklage einer Mutter" bezeichnet, hat nebst vielen anderen Dr. Thurnwald aus Melanesien für unsere Sammlung mitgebracht. Sie stammt aus der kleinen Insel Nissan zwischen Neu-Mecklenburg und den Salomon-Inseln. v. Hornbostel hat sie nach dem Phonogramm genau notiert und mir als Probe der ganz eigentümlichen dort geübten Jodel-Gesänge überlassen. Diese Kunst, die uns schon in Neu-Mecklenburg begegnete und nicht minder afrikanischen Stämmen wohlbekannt ist, findet sich hier in hohem Grade ausgebildet. Die Falsett-Töne sind in den Noten mit dem Hals nach oben geschrieben, die Brusttöne nach unten. Die Melodie wird immerfort wiederholt, aber immer mit Varianten, wobei man sich auch an die Takteinteilung nicht ganz strenge bindet. Unter welchen Bedingungen eine solche melodisch und technisch vorgeschrittene Sangeskunst in Melanesien entstanden ist, darüber werden nähere Untersuchungen hoffentlich bald Licht verbreiten. Sie scheint in Verbindung zu stehen mit einer vielfach durchgeführten Mehrstimmigkeit, die uns in Erstannen setzt, wovon aber hier noch keine Proben mitgeteilt werden können.

Bemerkenswert ist die ungenierte Erweiterung des $^3/_4$-Taktes durch Einschiebung eines Viertels. Aber auch an einem Melodieton der sonst so eingänglichen Weise macht sich das Exotische geltend: an dem e^1 des vierten Taktes. Die fortgesetzten Quartenschritte $d^2 - a^1 - e^1 - a^2 - d^2$ berühren uns unmelodisch und hart. Solche Melodieführung wird aber notwendig, wenn die Terz des Grundtones aus irgendeinem Grunde vermieden wird: sei es, daß die in dieser Gegend gebräuchliche Leiter, d. h. das Tonmaterial, aus dem alle Melodien gebildet werden, diesen Ton überhaupt nicht enthält, oder daß er bei einzelnen Melodien eines bestimmten Ausdrucks halber ausgeschaltet wird. Die Leiter, soweit sie dieser Melodie entnommen werden kann, wäre: d — e — g — a — h — d¹, eine fünfstufige ohne Terz, wie sie auch vielfach bei den Indianern vorkommt. Darum würden der Dreiklang und der Dominant-Septimenakkord, die wir unwillkürlich zu dieser Melodie hinzudenken, unzulässige Zutaten sein, und damit rückt uns die Melodie selbst wieder erheblich ferner.

— 131 —

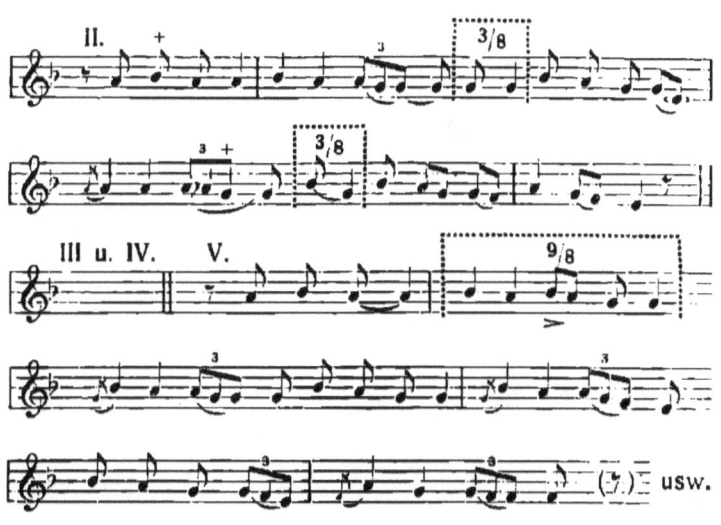

16.

Mit diesen Beispielen wenden wir uns nach Amerika zu den Indianern, und zunächst zu den südamerikanischen. Die primitivsten Weisen, die hier vorkommen, dürften die der Feuerländer sein, von denen uns Hr. W. Furlong kürzlich Proben sandte. Sie haben eine gewisse Ähnlichkeit mit den Wedda-Gesängen. Aber ich kann davon nichts mitteilen, da sie noch nicht näher untersucht sind.

Die obigen Melodien sind Gesänge der Tehueltsche in Patagonien, von Prof. Lehmann-Nitsche phonographiert. Dr. Fischer hat 51 davon in Noten übersetzt (Ph.-A. Nr. 15). Sie stehen im allgemeinen auf einer niedrigen Stufe, setzen sich aus kleinen Motivchen zusammen, innerhalb deren sich die Stimme fast nur in Ganz- oder Halbtonstufen bewegt und die endlos wiederholt werden. Im ganzen kommt dabei meistens ein Tonumfang von einer Quarte oder Quinte, selten ein größerer heraus. Dennoch bieten auch diese Lieder dem, der sich darein vertieft, bemerkenswerte, ja anziehende Seiten, namentlich in Hinsicht ihrer Struktur*.

---

* In Fischers Abhandlung sind unsere vier Lieder Nr. 31, 21, 8 (S. 946) und 46. Die Notenbilder, die auf Grund der oben erwähnten Revision von uns als zutreffendste befunden wurden, weichen etwas von den dort gegebenen ab. Aber die Abweichungen betreffen entweder Äußerlichkeiten der Schreibung (z. B. um die Hälfte verkürzte Notenwerte bei Nr. 16) oder andere Setzung der Taktstriche oder längere Fortführung der Melodien. Nur bei Nr. 14 weicht auch die Rhythmisierung etwas von der Fischerschen ab, wahrscheinlich weil wir nicht den Anfang, sondern spätere Wiederholungen der immer wiederkehrenden Weise, die besonders klar hervortraten, als typische zugrunde legten. Gerade für diese äußerst simple Weise war das treffendste Notenbild schwer zu finden wegen der kleinen Intervalle und des vielfachen Überschleifens der Töne.

Nr. 14 gleicht ziemlich den Wedda-Gesängen: Umfang nur eine kleine Terz, Melodieführung ganz einförmig.

Nr. 15 ist schon ein wenig reicher, als wäre die Weise aus der ersten durch Erweiterung des Motivs herausgebildet. Teil II ist eine abgekürzte Wiederholung von I, wobei aber zweimal in den sonst regelmäßigen $^3/_8$-Takt eine durch punktierte Klammern abgegrenzte Enklave von 3 Achteln eingeschoben wird, die wie ein Echo gemeint scheint, ähnlich den beliebten Echos in der Musik des 18. Jahrhunderts. Dann folgen einige weitere Wiederholungen, von denen die fünfte noch angefügt ist, weil hier sogar eine Enklave von 9 Achteln in die sonst unverändert wiederholte Melodie eingeschoben ist. Diese Einschiebungen, die bei II noch dazu zwischen den zwei Achteln eines Viertels stehen, dünken uns ganz irrationell, sind aber sicher nicht willkürlich, sondern folgen gewissen Regeln. Man könnte auch sagen, der gewöhnliche $^{12}/_8$-Takt sei in II beide Male zum $^{15}/_8$-, in V zum $^{21}/_8$-Takt erweitert, welche alle sich durch 3 teilen lassen. Und man könnte, wenn es nicht zu gewagt wäre, auch hier auf Parallelen aus der Frühzeit unserer Musik verweisen: auf die mannigfaltigen Unterarten der divisio novenaria und duodenaria bei den Mensuralisten des 14. Jahrhunderts (Joh. Wolf, Geschichte der Mensural-Notation von 1250—1460, I, 28ff., 274ff.). Auch

Alterationen der Pausen kamen damals vor, wie sie heute nicht mehr gebräuchlich sind, wie sie uns aber bei Indianern noch begegnen werden.

Nr. 16 ist das uns verständlichste der Lieder. Es setzt sich aus 3 Motiven zusammen, die immerfort in verschiedener Ordnung einander ablösen. Das Motiv a erscheint bald mit dem ersten Viertel, bald ohne dieses (a_0). Gelegentlich wird eine Pause von drei Achteln eingeschaltet, wodurch der $9/8$- in $12/8$-Takt übergeht, wie im letzten Takt unserer Notierung. An späteren analogen Stellen wird diese Pause ausgefüllt, indem statt a_0 die Form a einsetzt, wodurch dann ebenfalls 12 Achtel herauskommen

Nr. 17 haben wir hier in größerer Ausdehnung wiedergegeben, weil es eine besonders lehrreiche Struktur aufweist. Man bemerkt sofort die häufig eingeschalteten $7/8$-Takte. Der Abschnitt II ist in dieser Hinsicht wie in der ganzen Rhythmisierung die genaue Wiederholung von I. Der Abschnitt III ist wieder durch die Einfügung zweier, mit punktierten Klammern zusammengefaßten Takte, die als Wiederholung der beiden vorausgehenden erscheinen, sowie durch die drei letzten Takte, die sich ebenfalls als eine wiederholende Bekräftigung des Schlusses darstellen, erweitert; sonst ganz identisch gebaut. Bei IV sind gleich anfangs, an der durch den Stern bezeichneten Stelle, die zwei ersten Takte von I ausgelassen, dann geht es analog wie dort weiter. So folgen noch viele Varianten der gleichen Grundform.

Nicht minder merkwürdig ist bei diesem Stücke die Tonbewegnng, die erst nach vielfältigem Studium festgestellt werden konnte. Physikalisch gemessen sind die Tonschritte noch nicht, aber es ist kein Zweifel, daß die obige Notierung im ganzen die wirklichen Verschiebungen der Tonhöhe trifft, und daß der Sänger am Schlusse des Abschnittes III wieder richtig auf dem Tone d, der tieferen Oktave des Ausgangstones, ankommt. Er bewirkt dies einfach durch Ganzton-, Quinten- und Quartenschritte von einer Phrase zur anderen; ges—h ist ja für den Natursänger sein gewohnter Quartenschritt.

Wer sich die Mühe nimmt, auch nur einen einzigen derartigen Gesang eines sehr niedrigstehenden Indianerstammes näher zu analysieren, der wird die verbreitete Meinung, als handle es sich bei den Naturvölkern mehr um ein formloses Heulen als um künstlerisch geformte Produkte, oder auch nur die Ansicht K. Büchers, als schätzten sie an der Musik nur den Rhythmus, hätten aber „keine Empfindung für die verschiedenen Tonhöhen", als seien ihre Gesänge „monoton, fast melodienlos", sicher nicht mehr teilen können.

Hervorragend genau darf man sich natürlich die Intonation der Patagonier nicht gerade denken. Die Terzen werden z. B. nach Fischers Beobachtungen in ein und demselben Stücke bald groß, bald klein, bald neutral genommen. Dagegen werden allerdings das Tempo und der Rhythmus recht gleichmäßig innegehalten, was damit zusammenhängen wird, daß die meisten Lieder Tanzlieder sind.

Die Patagonier haben als Instrumente außer der Trommel einen Musikbogen, auf dem auch Stücke von ähnlicher Einförmigkeit wie Nr. 14 mit äußerst schwacher Tongebung vorgetragen werden.

usw. (Repetition.)

Gesang eines Toba-Indianers aus Bolivien, von Prof. Lehmann-Nitzsche in St. Pedro phonographisch aufgenommen, durch v. Hornbostel und Fischer aufgezeichnet, bisher unveröffentlicht. Über den Inhalt des pathetisch vorgetragenen Liedes ist nichts mitgeteilt. Es ist wieder ein Beispiel der typischen Abwärtsbewegung mit decrescendo. Nach langem Verweilen in der Tiefe setzt die Wiederholung in voller Stärke unvermittelt auf den hohen, sehr gut getroffenen Anfangstönen ein. Die Einzelheiten nach Tonbewegung und Takt sind hier mit besonderer Sorgfalt wiedergegeben. Sie erscheinen kompliziert genug, kehren aber bei den Wiederholungen des Gesanges, sowie in den drei Aufnahmen des Ganzen, die von demselben Individuum vorliegen, mit großer Übereinstimmung wieder. Wir haben z. B. abgezählt, wieviele Viertel auf die Note c^1 im 8. bis 10. Takte fallen: es sind immer genau 15. Für die Verzierungen des c^2 im 2. bis 4. Takte soll die nach verschiedenen Versuchen gewählte Schreibweise nur als eine annähernde gelten. Es schien auch ein e^2 darin vorzukommen, aber das sind eben Manieren, die wir weder genau schreiben noch nachmachen können. Selbst die Tongebung ist dabei anders als gewöhnlich. Auch die Tonbewegung in den beiden $^7/_4$-Takten ist nicht gut aufzuschreiben; jedenfalls kommen aber beim Abzählen 7 Viertel heraus.

Der Gesang hat den außerordentlichen Umfang von $2^1/_2$ Oktaven. Im wesentlichen hält er sich in einer fünfstufigen Leiter mit Terz (bald großer bald kleiner); andere Töne werden nur im Durchgange gebraucht.

19.

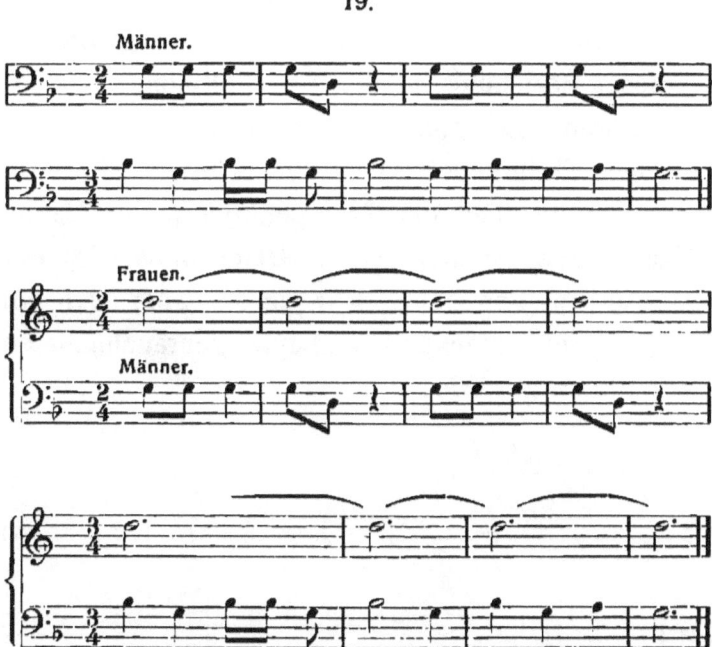

„Sehr altes religiöses Lied der Yaqui-Indianer" im Staate Sonora an der Nordgrenze von Mexiko. Unter dieser Bezeichnung ist es mir nebst anderen Indianergesängen von J. C. Fillmore mitgeteilt (s. m. „Beiträge zur Akustik und Musikwissenschaft" III). Es ist nicht von Fillmore selbst aufgeschrieben, sondern ihm von dem Bruder eines Mannes, der gegen 30 Jahre als Gefangener unter den Yaqui lebte, überliefert. Ich übernehme natürlich hier keine Garantie für die Genauigkeit der Aufschreibung und habe es nur darum aufgenommen, weil es, wie auch Fillmore bemerkt, bisher ein Unikum unter den Indianergesängen bildet, in Hinsicht des über der Männerstimme durch die Frauen ausgehaltenen Begleittones. In dieser Beziehung ist die Aufschreibung auch gewiß vertrauenswürdig. Wenn man nicht einen europäischen Einfluß vermuten will, würden wir darin einen schönen Fall der Orgelpunktweise bei Naturvölkern haben, analog Nr. 7. Beide Male liegt der festgehaltene Ton oben. Wir werden aber auch ein Beispiel der umgekehrten, heute gebräuchlicheren Lage finden (Nr. 27).

20.

Stammt von den Zuñi-Indianern (Pueblos). Es ist von Gilman nach phonographischen Aufnahmen von Walter Fewkes (dem ersten, der diese Methode benutzte) in Noten gesetzt und von mir in übersichtlicherer Weise, aber materiell ganz unverändert, umgeschrieben (s. o. S. 65)*. Hier ist es um einen halben Ton tiefer gesetzt. Die eingefügten Striche sollen die Hauptabsätze bezeichnen. Eine Taktgliederung ist nicht eingezeichnet, doch würden sich die beiden mit *mf* beginnenden Hauptabsätze in je einen $^4/_4$- und einen $^5/_4$-Takt zerlegen lassen (die letzte Note nur um $^1/_8$ verlängert), während der Schlußpassus wesentlich im $^3/_8$-Takt steht.

Das Lied, das nur ein Abschnitt eines längeren Gesangsstückes ist, zeigt wieder die absteigende Tonbewegung und zugleich die abnehmende Tonstärke so vieler primitiver Gesänge. Mit seiner fanfarenartigen Einleitung und seiner leise verhauchenden Coda ist es ein schönes Beispiel der pathetischen,

---

* Nur bei + in der vorletzten Zeile notiert Gilman einen halben Ton höher. Hier handelt es sich aber sicher um eine zufällige Entgleisung des Sängers. Die Töne liegen ja ohnedies den Notenwerten meistens nur nahe, ohne sich ganz damit zu decken, überdies sind solche leise, kurze und tiefe Töne oft schwer zu identifizieren.

impetuosen Art, die besonders dem Singen der Pueblo-Indianer eigen scheint. Wir würden sagen, daß es in der absteigend melodischen Molleiter steht, mit Schluß in Dur. Doch darf man es wohl auch hier mit der großen und kleinen Terz nicht zu streng nehmen, die Intonation nähert sich nur mehr der einen oder anderen, die nächstliegende Note hat Gilman jedesmal gewählt. Eigentümlich berührt der Anfang sowohl des einleitenden Teiles als auch des Hauptteiles in der Sekunde des Tones, der uns als Tonika erscheint und es in diesem Falle wohl auch für die Indianer ist. Auch wir fangen zwar durchaus nicht immer mit der Tonika an, mit der Sekunde aber doch selten. In das Ethos dieser Melodie kann man sich bei öfterem Hören immerhin gut hineinleben und einen Eindruck davon gewinnen, womit ich nicht sagen will, daß er ganz derselbe wäre wie bei den Indianern.

Die nordamerikanischen Indianer haben nur äußerst wenige und dürftige Instrumente, außer Pauke und Rattel nur gelegentlich Flöten, in einzelnen Gegenden auch ein Xylophon, das aber aus Afrika importiert scheint. Um so erstaunlicher ist ihr unbegrenzter Reichtum an mannigfaltigen und wohlgebauten Liedern.

21.

Aus den von Gilman neuerdings nach den Aufnahmen von W. Fewkes veröffentlichten religiösen Gesängen der Hopi-(Moki-)Indianer, die gleichfalls zu den Pueblo gehören.

Gilman ist durch seine tonometrischen Analysen zu der Meinung gekommen, daß die Puebloindianer zwar eine Tendenz zu konsonanten Intervallen haben, zur Oktave und besonders zur Quinte und Quarte, daß sie aber sonst die größten Freiheiten in der Intonation aufweisen. Auch würden die Intervalle von jedem Sänger anders wiedergegeben. Es sei nur der allgemeine Weg, den die Melodie nimmt, vorgezeichnet. Er nennt diese Lieder deshalb Rote-Songs, Routengesänge, und erfindet ein graphisches Schema, das sie besser als unsere Noten zum Ausdruck bringe.

Obiges ist der dritte der acht „Schlangengesänge", die starke Ähnlichkeit miteinander haben, alle einfach gebaut, auch von einfachem Rhythmus und mit immer wiederkehrenden absteigenden Schritten um (ungefähr) eine Quarte, Terz oder Quinte. Die Notierung ist hier nicht die von Gilman selbst gegebene, die nur seinen allgemeinen subjektiven Eindruck darstellen soll, sondern nach seinen genauen Diagrammen durch v. Hornbostel so aufgezeichnet, und zwar gewissermaßen als Durchschnitt (nicht im mathematischen, sondern psychologischen Sinne) aus den zahlreichen Varianten bei den Wiederholungen, die Gilman alle in seine Diagramme eingetragen hat. Die Tonhöhe der einzelnen Noten schwankt dabei in der Tat nicht unbeträchtlich, doch meistens innerhalb eines Halbtons. So wird der Hauptton e, auf den die Weise immer zurückkehrt, vielfach als dis intoniert, das tiefe gis umgekehrt als a. Das Vorherrschen der Quartenschritte ist jedenfalls der charakteristische Grundzug dieses Gesanges. Aber etwas Subjektives bleibt allerdings auch an v. Hornbostels „durchschnittlicher" Notation haften; man müßte sonst eben sämtliche Wiederholungen mit umständlichen diakritischen Zeichen in Noten setzen, und schließlich wären bei jeder neuen Wiederholung sicher neue kleine Veränderungen aufgetreten.

Die Takteinteilung ist gleichfalls nach den Diagrammen als wahrscheinlich intendierte durch v. Hornbostel vorgeschlagen; Gilman verzichtet auf Taktgliederung.

Die übrigen Lieder außer den Schlangengesängen sind bedeutend komplizierter. Sie zeigen eine ähnliche Struktur wie unser nächstfolgendes Beispiel, auch einen großen Tonumfang, z. B. den einer Duodezime, ebenso die absteigende und leise verklingende Tonbewegung, dann wieder den plötzlichen Übergang zu hoher und stärkster Stimmgebung, wobei der Ton auch gelegentlich noch um eine halbe Stufe in die Höhe getrieben wird (Gilman p. 171, 181) usw. v. Hornbostel hat versuchsweise sämtliche Gesänge mit allen Wiederholungen in gleicher Weise wie den obigen aus den Diagrammen in Noten übersetzt, und wir haben den Eindruck gewonnen, daß trotz der unbestreitbaren Unregelmäßigkeiten der Intonation doch ein festeres Ton- und Taktgerüst zugrunde liegt, als Gilman selbst anzunehmen geneigt ist. Es gibt auch bei uns Sänger, die es mit der Reinheit genauer, andere, die es weniger genau nehmen. Aber es scheint bei den Indianern auch gewisse Töne der Leiter zu geben, die sicherer, andere, die unsicherer getroffen werden oder vielmehr einen breiteren Spielraum für die Intonation zulassen. Dazu kommen noch die durch den Ausdruck bedingten, also keineswegs zufälligen, sondern ganz regelmäßigen Alterationen an bestimmten wiederkehrenden Stellen einer Melodie. Wir werden dies alles sogleich beim nächsten Liede bestätigt finden.

22.

Alter „Totengesang" einer Truppe von Pueblo-Indianern, die vor einigen Jahren nach Berlin kamen. Sie wurden als Hopi-Indianer bezeichnet, doch ist es nicht sicher, ob sie gerade diesem Stamme angehörten. Der Gesang wurde nach einer von der Favorit-Gesellschaft aufgenommenen Grammophonplatte durch Dr. Fischer in Noten gebracht, die Notierung dann noch durch v. Hornbostel und mich oftmals nachgeprüft, da sie große Schwierigkeiten bereitete. Das Lied klingt so temperament- und stimmungsvoll aus der Aufnahme heraus, daß wir versuchen wollten, es der Vorstellung und dem Verständnis möglichst nahe zu bringen. Das Bild ist so treu, als es nur immer mit unseren Zeichen herzustellen ist. Das gehaltene fis in der 7. Zeile wurde äußerst unrein, von verschiedenen zugleich verschieden intoniert, im ganzen stark zu hoch; auch sonst wird in dem Stück gerade das betonte fis leicht etwas höher genommen, manchmal (bei ⁀) klingt es aber auch wie ein Triller mit eis, einer scheint es da zu tief gesungen zu haben.

Der Tonbestand ist im wesentlichen der einer Fünfstufenleiter, ein Hauptton läßt sich aber schwer feststellen. Am ehesten noch cis; für uns wäre es natürlich a. Nur ganz wenige Töne fallen aus der fünfstufigen Leiter heraus: abgesehen von der undeutlich intonierten Einleitungsformel, kommt einmal gis, einige Male f und einmal f[1], sowie an bestimmten Stellen (unter C) his vor. Dies sind ganz sicher keine zufälligen Entgleisungen, sondern Abweichungen zu bestimmten Ausdruckszwecken. Hier ist nichts von Unreinheit in den Stimmen zu merken, und bei den Wiederholungen wird f wie his genau ebenso genommen.

Wir bemerken noch, daß die Tonhöhe sich während des Gesanges langsam in die Höhe zog, im ganzen etwa um einen Viertelton. In der Notierung ist dies nicht berücksichtigt. Bei Gilmans Zuñi-Gesängen wird derselbe Zug öfters hervorgehoben. Auch bei den Bellakula-Liedern bemerkte ich das Nämliche. Ebenso Hj. Thuren bei den Eskimo (s. u.).

Deutlich und sehr interessant ist die Struktur. Vorausgeschickt wird, wie so oft bei Indianerliedern, eine kurze Einleitungsformel, deren Tonhöhen recht unbestimmt herauskommen, weshalb sie hier mit kleinen Noten geschrieben sind. Sie wird fast mehr gebellt als gesungen. Dann folgen die durch Doppelstriche getrennten und mit Buchstaben bezeichneten Abteilungen, unter denen die mit gleichen Buchstaben offenbar melodisch als Wiederholungen gelten. B kommt viermal vor, immer allerdings mit gewissen Freiheiten, C erscheint zweimal, A und D nur je einmal. A beginnt mit den uns nun schon bekannten, für unser Ohr harten Quartengängen, verläuft dann in ein lang ausladendes melodisches Murmeln auf den Tönen fis, e und cis, das aber rhythmisch streng geregelt bleibt. B ist ein Zwischensatz, der dreimal einen neuen Aufschwung, in C_1, D und C_2 vorbereitet. Die *ff*-Stellen werden mit großem Affekt vorgetragen. B verläuft das zweitemal in ein Parlando, das von einzelnen Sängern schon begonnen wird, während andere noch den Schlußton cis aushalten. Es wird rhythmisch genau in der angegebenen Weise vorgetragen. Den Schluß des Ganzen bildet eine Art Schrei, ganz gleichzeitig, aber auf verschiedenen Tonhöhen, ungefähr den angegebenen. Wahrscheinlich geht das Lied an sich noch viel länger so fort, und haben die Sänger nur einen künstlichen Schluß für ihren damaligen Vortrag herbeigeführt.

Ganz kompliziert und doch nicht regellos ist für unsere Auffassung die Takteinteilung. Das Zeitmaß wird außerordentlich genau festgehalten, obgleich der Gesang nicht durch Pauken oder Händeklatschen unterstützt wurde. Im ganzen scheint ein vierteiliger Takt zugrundezuliegen, der aber vielfach um einen oder zwei Teile verlängert, auch gelegentlich verkürzt wird. Diese Änderungen treten aber wieder mit einer gewissen Regelmäßigkeit ein. Man vergleiche die drei ersten Versionen von B. Ihre Taktgruppen sind:

1. $\frac{4+6+5}{4}$; 2. $\frac{4+6+4+6}{4}$; 3. $\frac{4+6+5}{4}$.

Die erste und dritte Version sind also genau gleich eingeteilt, die zweite anders, aber in sich selbst wieder regelmäßig. Die Einteilung von C ist beide Male fast genau dieselbe (an einzelnen Stellen sind von uns die regelmäßig fehlenden Sechzehntelpausen in Klammern ergänzt, um die Schreibung in $^7/_8$ zu ermöglichen, eigentlich müßte man $^{13}/_{16}$-Takt schreiben; es handelt sich eben hier um eine sehr präzis innegehaltene Pause, die mit unseren gewohnten Takten nicht wiederzugeben ist). D zerfällt wieder in zwei Abteilungen von genau gleicher Taktfolge: $\frac{4+5+6}{4}$; $\frac{4+5+6}{4}$.

Aus der großen Sammlung von Miss Curtis (s. o. S. 65). Für völlige Genauigkeit kann ich nicht einstehen, aber die technisch gewandte Schreibung und die Strukturanalyse verraten so viel musikalisches Verständnis, daß man die Tongestalten im allgemeinen wohl als richtig, nur vielleicht ein wenig impressionistisch wiedergegeben, ansehen darf. Nr. 23, S. 489 des Werkes, ist ein Schlaflied (Lullaby) der Hopi. Die Sechzehnteltriolen dürften wesentlich einen gleitenden Übergang bedeuten. Das Lied klingt auch uns stimmungsvoll, wozu die absteigende verminderte Quarte nicht wenig beiträgt, wenn auch fis wahrscheinlich nur als ein vertieft intoniertes g zu verstehen ist. Beachtung verdient die Gliederung des Liedes. Der 1. Teil hat sieben Takte, die unverändert wiederholt werden, der 2. bringt ein neues Thema von fünf Takten, das mit geringen Veränderungen zweimal wiederholt wird, die letzte Wiederholung ist um einen Takt verkürzt. Darauf beginnt (von mir durch Doppelstriche abgetrennt) die Reprise des ersten Teiles, zunächst in sieben Takten mit einer Veränderung seines Anfanges, die ihn dem Thema des zweiten Teiles ähnlich macht. Dann in weiteren sieben Takten genau nach dem ersten Teil. Das Schema ist also: $2 \times 7, 3 \times 5, 2 \times 7$ (nur abgesehen von dem ausgelassenen Takt im zweiten Teil).

Nr. 24 (S. 120 des Werkes) ist ein Gesang der Iruska, eines Pawneestammes in Oklahoma, wieder von der Höhe zur Tiefe gehend und lang auf dem Schlußton ruhend. Die Leiter ist die fünfstufige ohne Terz.

Aus dem Werke von Miss A. Fletcher über die Hako-Zeremonie, ein religiöses Fest der Pawnee-Indianer (s. o. S. 65). Die Gesänge sind von Mr. E. S. Tracy nach phonographischen Aufnahmen wiedergegeben, er hat seine Wiedergabe dann auch noch einmal mit dem Gesange der Festleiter (Kurahus) verglichen.

Nr. 25 (S. 171 des Werkes, dort eine Oktave tiefer notiert, also im Tenor-Sinne zu lesen) wurde als ein sehr alter Gesang bezeichnet. Er bezieht sich auf den Laubvogel (wren), der den Pawnee als ein immer lachender, glücklicher Vogel gilt. Man erkennt leicht, daß das Lied aus sechs Perioden von je fünf Takten besteht. Wir haben sie durch Doppelstriche gesondert. In den drei letzten Takten jeder solchen Periode kehren immer dieselben Silben wieder: whe ke re we chi, die angeblich den Vogelruf nachahmen. Interessant ist auch die

Melodiebewegung: die fünf Takte nehmen zuerst ihren Ausgang von f¹, dann von d¹, dann von b, welches wohl als Hauptton zu gelten hat; dann gehen sie noch eine Terz unter diesen herunter und bleiben ganz auf g liegen. Der nächste, vierte Abschnitt beginnt wieder mit dem Hauptton, der letzte endlich wiederholt den ersten. Für uns auffällig, aber keineswegs selten, ist der ungleiche Rhythmus der Pauken und des Gesanges.

Nr. 26 (S. 251), von beständigen raschen Trommelschlägen (Tremolo) sowie von dem Lärm der Ratteln und Pfeifen begleitet, wird bei einer anderen Episode des Festes gesungen. Es enthält eine Aufforderung an die Kinder, heranzukommen und ihre Gaben zu bringen. Alle Viertelnoten werden etwas tremolierend mit „Pulsation" gesungen. Nach dem absteigenden Hauptthema, in dem ein dreitaktiges Motiv einmal wiederholt und ein zweitaktiger Anhang beigefügt wird, folgt ein Zwischensatz von fünf Takten in tieferer Lage, dann das Hauptthema und eine zweitaktige, obigem Anhang nachgebildete Schlußformel. Die Leiter wieder fünfstufig ohne Terz.

27.

Diese Lieder sind nebst vielen anderen von Th. Baker vor der Zeit des Phonographen, aber mit sehr gewissenhafter Beachtung und Erläuterung des Details aufgeschrieben (s. o. S. 64).

Nr. 27 ist ein Kriegslied der Irokesen (Text: Ich gehe). Es scheint in Perioden zu sechs bzw. drei Takten gegliedert zu sein. Als Fortsetzung ist zunächst eine Taktpause zu denken. Bemerkenswert ist der Gesang durch die zweite Stimme, die jeden Takt im Grundtone markiert; vielleicht ein Ersatz der Pauke. Hier liegt der Orgelpunkt unten, gegenüber den beiden schon besprochenen Beispielen.

Nr. 28 ein uralter religiöser Dankgesang der Irokesen; von Männern gesungen, die um zwei mitten im Tanzsaal aufgestellte Holzbänke herumtraben (Baker S. 37). Außer den Hauptakzenten wurde bei jedem Schritt der ungraziösen Bewegungen auf den entsprechenden Ton ein schwächerer Akzent gelegt. Man kann statt unserer Einteilung (Baker verzichtet auf Taktgliederung), wenn die Hauptakzente durchweg mit den Taktakzenten zusammenfallen sollen, den Gesang auch aus einem $4/_4$- und einem $5/_4$- ($2/_4 + 3/_4$) Takt zusammensetzen. Nach fünfmaliger Wiederholung wird mit einem Schleifer geschlossen, der „wie ein Juchzer ausgeführt wird" und jedenfalls in einem stetigen Herabgleiten der Stimme besteht (Baker S. 17 und unsere Anm. 12). Das merkwürdigste an dem Liede ist aber sein Tonumfang, da es, abgesehen von dem Schluß, aus einem einzigen Ton besteht. Solche Gesänge, die manche als die uranfänglichsten betrachten, kommen also in der Tat vor, und dieser soll ja auch wirklich sehr alt sein. Aber wer weiß, ob er nicht schon bei seinem ersten Auftauchen eine Ausnahme war und die Monotonie absichtlich, der erhabenen Wirkung wegen, gewählt wurde.

Nr. 29, der „Omahatanz", ist ein Lieblingstanz verschiedener Indianerstämme unter den Dakota (Sioux). Baker schreibt ihn in $2/_4$. Durch die Vorzeichnung $\frac{4+6}{4}$ scheint mir aber die Gliederung des Stückes sehr klar hervorzutreten. Der Teil nach dem (von mir eingefügten) Doppelstrich ist offenbar eine Wiederholung des ersten. Man hat nur anzunehmen, daß im 1. Takte dieses 2. Teiles die Pause vom Sänger um ein (hier über dem System eingeschaltetes) Viertel verkürzt wurde, ein Lapsus, der auch bei uns vorkommt, und daß umgekehrt im drittletzten Takt eine bei Baker stehende überzählige Viertelpause, vielleicht als Atempause, eingeschaltet ist.

Man sieht auch leicht, daß der zweite Teil jedes Taktes mit seinen sechs Vierteln hinsichtlich der Rhythmik nur eine verlängerte Wiederholung der vier Viertel des ersten Teiles ist. Das Ganze scheint mir rhythmisch sehr reizvoll.

Eigentümlich ist auch der Beginn des Liedes auf der Sekunde des Hauptones.

Nr. 30 ist das erste Lied im Erntefest der Irokesen, ein Tanzlied, dessen dramatische Ausführung Baker (S. 39) beschreibt. Es wird durch Schlagen der Rattel auf eine Holzbank begleitet. Text: „Er kam vom Himmel zu uns nieder und gab uns diese Worte." Das Lied ist von Baker ohne Takteinteilung geschrieben, scheint mir aber in einem $7/4$-Takt wieder ganz übersichtlich zu werden. Man muß nur vor der Wiederholung eine Viertelpause eingeschaltet denken. Die Töne gehören ausschließlich dem Dreiklang an. Den Schluß bilden Interjektionen.

Nr. 31, ein Liebeslied der Kiowa in Arkansas, ist wieder nur aus Tönen des Durdreiklanges gebaut. Die Gliederung ist von mir durch Doppelstriche angedeutet.

Solche **Dreiklangsmelodien** stützen anscheinend eine von J. C. Fillmore und Miss A. Fletcher vertretene Anschauung, wonach den Indianern ein latentes Harmoniegefühl zukomme (vgl. m. Beitr. z. Akustik I, 63 ff, II, 1 ff.). Aber die Experimente mit Indianern, die Fillmore als beweisend ansieht, indem die Indianer bestimmte Akkordbegleitungen als ihren Intonationen entsprechend anerkannt haben sollen, unterliegen starken Bedenken. Es scheint doch — wie ein genauer Kenner, F. Boas, mir sagte — Suggestion mitgewirkt zu haben. Immerhin bedarf das häufige Vorkommen von Indianermelodien, die nur oder fast nur aus Tönen des angenäherten Dreiklanges gebildet sind, einer Erklärung, liege sie vielleicht auch nur darin, daß man bei einem bestimmten Melodietypus sich auf drei Töne der gewöhnlichen Fünfstufenleiter zu beschränken liebt, die um mehr als die kleinste Stufe dieser Leiter auseinanderliegen. v. Hornbostel, der Intonationsstudien unter den Pawnee in Oklahoma zu machen Gelegenheit hatte, vermutet, daß der Gebrauch des zerlegten Dreiklangs so zustande gekommen sei, daß man in den Zwischenraum der Quinte eben einen annähernd mittleren Ton einschaltete, also durch Distanzschätzungen. Dafür spricht, daß gerade die Terzen oft in schwankender Weise intoniert werden. Sie bleiben noch lange ein sozusagen weicher Bestandteil des musikalischen Knochengerüstes, nachdem die Grundkonsonanzen längst fest geworden.

Vielfach wurde früher auch behauptet, daß die Naturvölker in Moll sängen. Dies ist in solcher Allgemeinheit gänzlich unbegründet. Eher ließe sich wohl Dur vertreten, in Wahrheit ist aber zumeist keines von unseren beiden Tongeschlechtern ganz scharf ausgesprochen. (Bezeichnend ist ein Fall, wo das nämliche Lied von Boas in Moll, von Fillmore in Dur geschrieben wurde, s. Boas, Songs of the Kwakiutl-Indians p. 2). Die scharfe Ausbildung dieses Gegensatzes konnte erst erfolgen, als man zu dem systematischen gleichzeitigen Gebrauche von mindestens drei Tönen überging, was bekanntlich sehr spät in der Musikgeschichte eintrat.

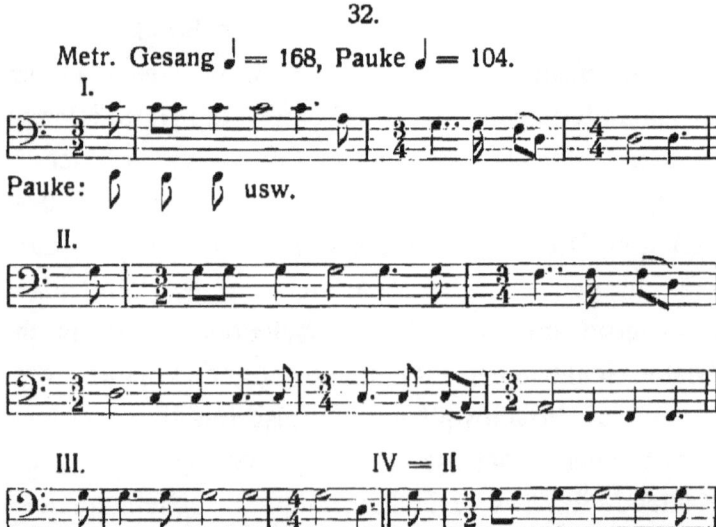

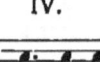

Proben aus den 200 von Miss Densmore kürzlich nach phonographischen Aufnahmen veröffentlichten und mit Erklärungen und Analysen begleiteten Gesängen der Chippewä- (Odschibwä-) Indianer in Nord-Minnesota. Die Verfasserin hat zwar tonometrische Bestimmungen nicht versucht, hebt aber die eigentümlichen Abweichungen der Intonation an bestimmten Stellen hervor und bemerkt, daß sie mit großer Konstanz wiederkehren. Zwei Sänger, die nach 7 Monaten etwa 20 Gesänge zu wiederholen hatten, zeigten die nämlichen Abweichungen an den nämlichen Stellen. Das Tempo der Paukenbegleitung weist bei diesen Gesängen häufig die seltsamsten Inkongruenzen gegenüber dem des Gesanges auf, so daß es unmöglich war, das rhythmische Verhältnis beider nach dem Gehör zu erkennen, und daß selbst die für Stimme und Pauke gesondert angegebenen Metronomzahlen kein einfaches Verhältnis als intendiert erscheinen lassen. Die Vermutung liegt nahe, daß in solchen Fällen beide Teile ein bestimmtes absolutes Tempo ohne Rücksicht aufeinander durchführen.

Nr. 32, ein Aufnahmegesang bei der religiösen Hauptzeremonie, bietet hierfür sogleich ein Beispiel. Die Pauke vollführt gleichmäßige Schläge ohne Akzente, von denen ungefähr, aber nicht genau, je zwei auf drei Achtel des Gesanges kommen. Nur im Schlußteil fallen die Schläge genau mit den Vierteln des Gesanges zusammen. Der Gesang selbst gewährt ein sehr übersichtliches Bild: das Thema von I wird in II um eine Quarte tiefer aufgenommen, erweitert und in die Tiefe geführt. Nach einem kurzen, mit kühnem Nonensprung beginnendem Zwischensatz (III) folgt eine genaue Wiederholung von II (IV), endlich eine kurze Schlußformel (V). Der ganze Habitus dieses Liedes, die absteigende Bewegung, die nachahmenden Wiederholungen auf tieferen Intervallen, der große Tonumfang, sind typisch für die Mehrzahl dieser Chippewä-Gesänge.

In Nr. 33, gleichfalls einem Aufnahmegesange, (ohne Paukenbegleitung phonographiert) ist II die genaue Nachahmung von I auf der Unterterz. III führt mit einer Art Gegenbewegung zum Hauptone zurück. Dann wird das Ganze genau wiederholt, nur an zwei Stellen wird $4/_4$- mit $3/_4$-Takt und umgekehrt vertauscht. Die Verlängerung oder Verkürzung um eine Einheit gilt in solchen Fällen offenbar als unwesentlich, wie wir schon so oft gefunden haben.

Nr. 34, ein Heilungsgesang, ebenfalls ohne Pauke aufgenommen, von einer alten Frau mit rauher

Stimme, aber sehr sicherer Intonation vorgetragen, zeigt wieder einen vollkommen klaren Bau. Das rhythmisch fesselnde Motiv von I wird in II nach allen Regeln der Kunst auf der Unterterz wiederholt; III ist tonal etwas freier, führt aber die Melodie in genau gleicher Rhythmik und in gleicher Bewegungsrichtung weiter, IV geht mit einer den Anfang kopierenden Wendung vollends auf den tiefen Grundton hinab. Die Leiter ist, wie bei Nr. 32, fünfstufig.

Den Umfang einer Duodezime hat ein großer Teil dieser Lieder, und zwar beginnen sie besonders gern mit der oberen Duodezime des Haupttons und senken sich allmählich herab, um mit diesem zu schließen. Manche erstrecken sich sogar über zwei Oktaven. Es finden sich auch in dieser Sammlung ausgesprochene Dreiklangsmelodien, bei denen andere Töne (der fünfstufigen Leiter) höchstens als gelegentliche Durchgangstöne vorkommen (z. B. Nr. 115, 128); doch tritt die Sexte des Grundtons öfters als melodisch nicht unwesentlicher Bestandteil zu den Dreiklangstönen hinzu (z. B. Nr. 129).

35.

Aus den Gesängen der Bellakula-(Bilchula-)Indianer in Britisch-Columbien, die ich selbst vor der phonographischen Ära, aber mit aller mir erreichbaren Genauigkeit aufgezeichnet habe (s. S. 64). Nur die Taktformen blieben mir an einigen Punkten zweifelhaft, da ich damals noch nicht wußte, daß man mit $^5/_4$ u. dgl. bei den Indianern als ganz gewöhnlichen Takten zu rechnen hat. Das zweite der von mir aufgezeichneten Lieder, das ich in $^{12}/_8$ schrieb, steht nach einer Mitteilung von Fr. Boas, der es später in der Heimat der Truppe selbst hörte, in $^5/_8$; wie es in diesen einzufügen wäre, ist mir allerdings nicht ganz klar. Zwei andere Lieder habe ich damals schon auf Boas' Anregung hin in $^5/_4$ geschrieben (Doktorgesang und Menschenfressergesang).

Nr. 35 ist ein Liebeslied („Dies ist mein Bruder, er hat mein Herz krank gemacht, er hat meine Liebste genommen: so weine ich diesen Tag."). Der Chorrefrain, der aus Interjektionen besteht, wurde auch als selbständiges Stück beim „Gesellschaftstanz" gesungen und dann etwas rascher, ♩ = 80, genommen. Die Vor- und Nachschläge bedeuten mehr ein Hinauf- und Hinunterziehen des Tones; sie kehrten an den betreffenden Stellen mit voller Regelmäßigkeit wieder. Die Leiter ist fünfstufig, die allgemeine Melodiebewegung wieder von oben nach unten, beim Chor zugleich decrescendo, am Schlusse fast mehr ein Brummen als ein Singen. Auffallend die Schlußwendung zur Terz. Die Paukenschläge immer auf den schlechten Achteln.

In erstaunlicher Weise ist hier die Melodie des Solosängers vom Chor umgebildet (oder umgekehrt). Die ersten sechs Takte des Solisten entsprechen den ersten drei des Chors, die letzten fünf des Solisten den letzten fünf des Chors. Die Umbildung ist frei und doch die Korrespondenz unverkennbar, wie man es von einer guten, ich möchte sagen stilvollen, Variation eines Themas in unserer Musik verlangt.

Nr. 36, ein Tanzgesang auf Interjektionen, wieder durchgängig mit Pauken auf den schlechten Taktteilen, wieder von oben nach unten und decrescendo, wieder mit Schlußwendung zur Terz. An zwei Stellen wurde e regelmäßig in einer seltsam unsicheren Weise intoniert, das erstemal anscheinend etwas erhöht, das zweitemal etwas vertieft, zugleich leiser als die angrenzenden Töne. Auch diese zögernd tastende Tongebung an ganz bestimmten Stellen, als ob man nicht fest auftreten wollte, scheint geradezu zu den Ausdrucksmitteln primitiver Musik zu gehören. Übrigens spielt dieser Ton für den Indianer hier sicher nicht die Rolle des Haupttones wie für uns, die wir das Stück in E moll harmonisieren würden. Vielmehr ist ihm sicher h Hauptton.

Nr. 37 ist ein Trauergesang, der bei einer Leichenverbrennung vorgetragen wird, Fremden eigentlich nicht vorgesungen werden darf. Der Text scheint aus Interjektionen (Uai usw.) zu bestehen. Die Notierung war hier besonders schwer. Eine Anzahl von Tönen wurde in der durch die Zeichen angegebenen Weise alteriert. Die Struktur denkt man sich vielleicht am besten so, daß man die zwei ersten Takte als Vorbau betrachtet, wie ihn die Indianer lieben; dann folgt das Hauptthema in 3 Takten, welches in den folgenden Takten mit einer an den Vorbau erinnernden Anfangswendung und verlängertem Schlusse wiederholt wird. Zuletzt herrschte bei dem Vortrage eigentlich kein Takt mehr, die drei letzten Noten wurden fast wie halbe Noten ausgehalten.

Aus den von Boas direkt notierten Gesängen der Nutka-Indianer, die ebenfalls an der Küste von Britisch-Columbien wohnen (Brit. Assoc. Rep. 1890). Der erste ist ein Häuptlingsgesang beim Potlachfeste. Jeder Häuptling hat sein Lied, das auch nach seinem Tode zur Leichenfeier gesungen wird. Es steht hier als weiteres Beispiel eines Eintonliedes (vgl. Nr. 28). Auch hier soll wohl die Monotonie höchste Würde und Feierlichkeit ausdrücken. Daß sie nicht Ausfluß primitivster Musikzustände ist, lehrt das zweite Lied desselben Stammes, ein Schlaflied (Lullaby), das sehr an das der Hopi, oben Nr. 23, erinnert. Es hat vielleicht in Wirklichkeit nicht ganz so europäisch geklungen, wie es jetzt nach den Noten scheint, ist aber jedenfalls von Monotonie trotz seiner einschläfernden Absicht weit entfernt.

40.

Ein gleichfalls von Boas notierter Gesang der Kwakiutl beim Lehalspiel (Journ. of American Folklore 1888 p. 51). Er steht im $^5/_8$-Takt, aber mit Einschaltung zweier $^3/_4$-Takte. Auffallend ist die fünfstufige Leiter mit der großen Septime (die ganze Tonbewegung Takt 3—5 deckt sich mit der des Melchtaler Alpensegens, s. oben S. 89, aber das h kann hier doch kaum den gleichen Ursprung haben, möglicherweise ist es nur als ein vertieftes c gemeint, analog dem fis in Nr. 23). Charakteristisch der Schluß auf der Sekunde.

Die Kwakiutl sind nach Boas sehr erpicht auf genaue Ausführung der Gesänge und Tänze, jeder Mißgriff gilt als Schimpf; ja bei gewissen Gelegenheiten wird der Tänzer in solchem Falle getötet. Ihre Flöten sind ungewöhnlich gut und künstlich gearbeitet (s. die Abbildungen in Boas' größerem Werke „The Social Organisation etc." p. 445).

41.

Ein von Boas phonographierter und notierter Tanzgesang des nämlichen Stammes (aus dem zuletzt erwähnten Werke), den ich wegen seiner rhythmischen Eigentümlichkeit hersetze. Man kann natürlich in der Gesangsstimme auch durchweg $^3/_4$-Takt annehmen, indem man im 2., 4., 6. Takte Synkopierung eintreten läßt. Aber der unseren rhythmischen Gewohnheiten widerstreitende Eindruck des Ganzen wird dadurch doch nicht aufgehoben, namentlich wenn noch die Akzentuierung der schlechten Achtel durch die nachschlagende Trommel dazukommt. Auch würde durch die Verwandlung der $^6/_8$- in $^3/_4$-Takte das jeweilige 3. Achtel in diesen Takten einen Akzent erhalten, den es im Munde der Sänger offenbar nicht hatte. Im weiteren Verlaufe findet sich der sonst regelmäßige Trommelrhythmus auch an einigen Stellen durch $^5/_8$-Takte unterbrochen, weshalb Boas für die Trommel $^{12}/_8$ $^5/_8$ vorzeichnet. Der melodische Gang der Stimme erinnert stark an einen meiner Bellakula-Gesänge (Nr. 2, nicht unter den hier reproduzierten). In diesem Küstenstriche findet nach den Angaben der Indianer selbst ein starker musikalischer Wechselverkehr statt.

Aus den 43 nach Boas' Phonogrammen von Abraham und v. Hornbostel aufgeschriebenen und durchgängig tonometrisch bestimmten Gesängen der Thompson River-Indianer im Inneren von Britisch-Columbien (Ph.-A. Nr. 10). Die meisten davon haben nur einen geringen Tonbestand und Tonumfang; manche gleichen sogar den Weddagesängen. Doch sind auch Dreiklangmelodien darunter (besonders fällt eine aus den Tönen des reinen absteigenden Molldreiklanges auf, Nr. 16), und einzelne erreichen den Umfang einer Oktave oder None. Die außerordentlich schwierige Rhythmisierung der meisten wurde zum Teil nur durch die begleitenden Trommelschläge überhaupt ermöglicht. Die Metronomisierung ist hier nur schätzungsweise (auf Grund der Tonlage der Männer- oder Frauenstimmen) beigefügt, da kein Stimmpfeifchen bei der Aufnahme angegeben worden war.

Nr. 42, ein Spielgesang (hier gegenüber der Vorlage mit verkürzten Notenwerten geschrieben), macht einen sehr temperamentvollen Eindruck, wird mit rhythmischer Verve und Exaktheit gesungen; das Ganze mit abnehmender Stärke, die dann bei der Wiederholung (beliebig oft) wieder voll einsetzt. Die absteigenden Quartengänge erinnern an früher erwähnte.

Nr. 43, ein nur aus drei Tönen bestehendes, melodisch einförmiges Tanzlied, ist doch durch die Rhythmisierung, ja auch durch die Struktur interessant. Die gleichförmig taktierende Trommel, die auf dem zweiten Achtel jedes Viertels nachschlägt, gestattet die Vierteltöne als Töne gleicher Zeitdauer auseinanderzuhalten und zu zählen. Die gewählte Taktgliederung, Abwechslung von $5/4$- und $7/4$-Takt, ist durch die Regelmäßigkeit, die so in das Ganze kommt, gerechtfertigt. Die Takte 1, 3, 5, 7 usf. haben untereinander einen gleichen oder verwandten Tonfall, ebenso die Takte 2, 4, 6, 8 usf. untereinander. Außerdem sind die ganzen durch Doppelstriche begrenzten Teile melodisch offenbar identisch und die Abweichungen nur Varianten. Die Fortsetzung bringt denn auch nur weitere Wiederholungen dieser 4 Takte mit weiteren Varianten. Der erste Takt des Ganzen ist ein Vorbau, wie er uns oft begegnet.

Gleichwohl könnte man nach Anleitung der über dem Notensystem stehenden Striche das Ganze auch in regelmäßig abwechselnden $6/4$- und $3/2$-Takten schreiben. Wir müssen dahingestellt lassen, welche Taktierung dem Sinne der Indianer mehr entspricht; für uns sind beide Formen sehr ungewohnt, und doch zeigen beide strenge Konsequenz in der Durchführung.

Die beiden folgenden Nummern sind religiösen Inhalts, Nr. 44 ein religiöser Tanzgesang; beide von dreiteiliger Rhythmik, wie wiederum die Trommelbegleitung erkennen läßt. Die Melodieführung der ersten bringt aber doch wieder durch die Synkopierungen, die fünftaktige Periode und die uns fremde kleine Septime Exotisches hinein. Die zweite, Nr. 45, steht in fünfstufiger Leiter, deren Hauptton b auch für unser Gefühl Hauptton sein würde.

Als Gegensatz dazu ist Nr. 46, ein Tanzgesang mit etwas widerspenstiger Melodieführung in der ersten Hälfte, aufgenommen, weil er besonders deutlich zeigt, wie verschieden unser Tonikagefühl von dem des Indianers sein kann. Wir würden doch wohl das Stück in F dur harmonisieren. Für den Indianer scheint aber c Hauptton zu sein, wie auch Abraham und v. Hornbostel annehmen. Daß am Schlusse, nachdem der Hauptton lange ausgehalten ist, noch ein benachbarter auftaucht, haben wir schon öfters bemerkt.

Nr. 47, als „Lyrischer Gesang" bezeichnet, beginnt mit einem kleinen Vorbau auf dem Anfangston, der bei der Wiederholung wegfällt (vgl. 42). Es ist in seinen zwei Abschnitten schön gebaut (man beachte die Nachahmung des 2. und 3. Taktes auf der höheren Quarte zu Beginn des 2. Teiles), wird mit klarer Falsettstimme gesungen, und könnte auch uns gefallen. Bei den späteren Wiederholungen treten nur geringe Varianten auf. Die Intonation weicht allerdings besonders beim fis von der unsrigen ab, indem es um einen Viertelton zu hoch genommen wird. Auch das hohe e ist um ebensoviel erhöht.

Ausnahmsweise greifen wir hier auf eine ganz alte Notierung aus derselben Küstengegend zurück. Sie ist 1787 aufgenommen, 100 Jahre später in den Berichten der Smithsonian Institution für 1888 abgedruckt, sonst meines Wissens in der neueren Literatur nirgends angeführt, ist aber aus inneren Gründen sehr beachtenswert. Sie steht in Dixons Voyage Round the World 1789, p. 243, auch in der deutschen Übersetzung von J. R. Forster 1790, S. 219, als Gesang der Sitka-Indianer nördlich von Vancouver, vor dem Eintreten in einen Handel (Dixon wollte Felle erhandeln). Der Berichterstatter, ein Begleiter Dixons, denkt selbst gering über seine musikalischen Kenntnisse und will für die Genauigkeit nicht einstehen, aber er hat den Gesang oft gehört und beschreibt seine Eigentümlichkeiten in genauer Übereinstimmung mit der Notierung, hebt namentlich auch das Auseinandergehen der Chor- und der Häuptlingsstimme hervor. Der Gesang wurde fast eine halbe Stunde ohne Unterbrechung immer wiederholt und war begleitet von taktmäßigem Händeklatschen und Paukenschlagen, vom Schwingen der Rattel und mannigfachen Gestikulationen des Häuptlings. Eine übereinstimmende Beschreibung im Buche des Reisegefährten Dixons, Portlock, aus demselben Jahre. Er betont „the most exact manner" des Singens.

Da die Technik der Notation tadellos ist (im Original ist auch der Tenorschlüssel verwendet), möchte ich die Selbstkritik des Verfassers eher als ein Zeichen dafür ansehen, daß er gut gehört hat; denn gerade die Schwierigkeiten der Übertragung exotischer Intonation in unser Notensystem pflegen weniger musikalische Ohren nicht zu bemerken. Ob die einzelnen Tonschritte genau den hierstehenden entsprachen, ist natürlich unsicher. Aber die allgemeine Form der Melodiebewegung wird wohl richtig erfaßt sein. Sie verdient in doppelter Hinsicht Beachtung: einmal wegen der alten Zeit, aus der sie stammt und aus der uns sonst über primitive Musik kaum etwas Glaubwürdiges in Noten überliefert ist, dann aber besonders wegen der eigentümlichen Art von Mehrstimmigkeit. Die Häuptlingsmelodie setzt, mehrmals durch Pausen unterbrochen, auf c¹ ein und senkt sich dann nach a herab. Die Chormelodie, später einsetzend, dann aber nicht weiter unterbrochen, geht teilweise mit ihr im Einklang, teilweise umspielt sie einen vom Häuptling festgehaltenen Ton, senkt sich dabei gleichfalls herab, geht zum Schlusse sogar auf die untere Dominante und von dieser wieder zur Tonika hinauf. Jede der beiden Weisen, die einfachere des Häuptlings, die reichere des Chors, trägt aber den nämlichen allgemeinen Charakter. Am füglichsten ordnet sich daher diese Sangesweise unter den Begriff der Heterophonie, wovon wir gegenwärtig unter den Indianern kein Beispiel mehr finden. Man könnte aber sogar einen schwachen Anfang von kontrapunktischer Stimmführung darin finden.

49.

50.

Gesänge der Zentral-Eskimo in den äußersten nordöstlichen Teilen des amerikanischen Kontinents und den benachbarten Inseln (nördlich der Hudson-Bay), von Boas 1883 oder 1884 nach direktem Hören aufgeschrieben (s. Anm. 1). Auch da scheinen im ganzen einfachere Weisen als bei den Indianern der mittleren Regionen gesungen zu werden. Die beiden hier mitgeteilten Lieder beginnen und schließen mit der Interjektion „Aja" auf den Fermaten. Sie scheinen vorzüglich in unser Tonsystem zu passen, der zweite klingt fast wie ein aufgelöster Dur-Vierklang. Daneben stehen aber wieder andere, für uns weniger genießbare. Genaueres über die Intervalle hat Boas nicht mitgeteilt.

51.

Kajaklied aus Ostgrönland, aus den von Thalbitzer und Thuren kürzlich veröffentlichten Proben, von Thuren selbst nach den phonographischen Aufnahmen gemäß den von Abraham und v. Hornbostel aufgestellten Prinzipien in Noten gesetzt, zum großen Teil auch tonometrisch untersucht. In unserem Lied ist die große Terz rein, die Quinte erheblich vertieft. Die Verfasser sind der Meinung, daß ein festes Tonsystem in Ostgrönland nicht entwickelt sei. Sie haben den Eindruck, als besäße jeder Sänger seine individuelle Tonleiter (vgl. Gilman bezüglich der Hopi). Sie rühmen jedoch die bewunderungswürdige Technik in Hinsicht des komplizierten und mit größter Konsequenz durchgeführten Rhythmus. Der Rhythmus der Trommel (des einzigen Instruments der Ostgrönländer) scheine außer Zusammenhang mit dem des Gesanges; nur zuweilen mache ein Ritardando des Sängers den Eindruck, daß er sich mit den Schlägen in Übereinstimmung setzen wolle, worauf dann aber wieder beide Rhythmen auseinandergehen. Die ganze Vortragsweise zeuge von einer uralten Tradition. Die Tonbewegung sei immer (nach dem ersten Aufsteigen) eine absteigende, der gewöhnliche Tonumfang eine Quinte oder Sexte.

Soeben beim Abschlusse des Druckes erscheint die vollständige Sammlung der beiden Forscher: The Eskimo Music, 1911. Sie umfaßt 129 zum größeren Teile phonographierte Lieder aus Ostgrönland nebst einigen aus Nordwestgrönland. Eine ganze Anzahl zeigt eine dem obigen Lied (dort Nr. 121) sehr ähnliche Tonbewegung: Aufsteigen zur Quinte und Senkung von da durch die Terz (und Sekunde) oder durch die Quarte. Halbtonstufen kommen nur gelegentlich im Durchgange vor. In einem Liede begleitet ein Chor den Sänger in der Weise, daß er den Ton a wiederholt angibt, während der Solist von f über a (stark erhöht) oder direkt nach c hinaufgeht. Dann tritt Unisono ein. Den Schluß der Gesänge bilden häufig einige musikalisch unbestimmbare stark aspirierte Laute, wie sie auch bei Indianern vorkommen, zu deren Gesängen sich hier überhaupt manche Analogien finden (auch z. B. die kleine allmähliche Erhöhung der absoluten Tonhöhe, von der oben zu Nr. 22 die Rede war, die freilich auch bei uns vorkommt). Die Musik spielt bei den Ostgrönländern eine solche Rolle, daß sogar bei Gerichtsverhandlungen Ankläger und Verteidiger singen (Juridical Drum Songs), woraus begreiflicherweise eine besonders lebhafte Art von Musik entspringt.

In Nordwest- und Südwestgrönland ist nach Thalbitzer die Musik schon stark europäisiert. Bei den Polareskimo, von denen R. Stein 1902 nach direktem Hören 39 Gesänge aufgeschrieben, hat in den letzten Jahren der Norweger Leden phonographische Aufnahmen gemacht, die er selbst veröffentlichen wird. Sie versprechen weitere Ausbeute für die Erkenntnis der Beziehungen zwischen den Eskimo und den Indianern.

Wir fügen noch einige Melodien aus Afrika bei. Aus diesem Erdteil liegt zwar auch schon viel phonographisches Material vor, es ist aber noch weniger bearbeitet. In den Küstenländern von Afrika und selbst in manchen inneren Gegenden dürften europäische Einflüsse vielfach mitwirken, auch solche aus älterer Zeit. Daß die heutigen Eingeborenen eine Melodie als ihr ausschließliches Eigentum und Erzeugnis betrachten, ist noch kein genügender Beweis, daß sie es wirklich ist.

Die obigen beiden Lieder, die man wohl für echt halten darf, sind von Pater Witte in Atakpame, Togo, phonographisch aufgenommen und von Prof. Pater W. Schmidt nach diesen Aufnahmen aufgezeichnet (Ztschr. Anthropos I, S. 76 und 71). Sie gehören den Ewe-Negern an, und zwar den Ge- oder Anecholeuten. Sie werden von Trommeln begleitet. P. Witte hält es bei der besonderen Bedeutung des Tonfalles in den Ewesprachen für möglich, daß die Tonbewegung der Melodie teilweise mit der des Textes zusammenhänge, aber eine strenge Abhängigkeit bestehe keinesfalls. Die Melodien tragen ja auch einen rein musikalisch durchaus verständlichen Charakter.

Das erste Lied bezieht sich auf ein altes Priesterverbot, zweimal im Jahre Yams zu pflanzen. Die Gliederung ist übersichtlich: nach dem zweitaktigen Thema ein Zwischentakt, dann die Wiederholung des Themas auf der Unterquarte. Die Fünfteiligkeit des Taktes steht nach P. Schmidt außer Zweifel. Ein diesem angefügtes, ganz analog verlaufendes

Liedchen (Kinderspottlied auf die Weißen), worin die G dur-Tonart noch deutlicher hervortritt, das aber ebenso mit d^2 beginnt und mit d^1 schließt, dürfte schon stark europäisch beeinflußt sein.

Nr. 53 ist ein Mädchenlied, worin die Sympathie für einen jungen Mann ausgedrückt wird. Wenn es auch für uns in D moll zu stehen scheint, ist doch schwerlich für die Eingeborenen d Hauptton. Das cis wird an mehreren betonten Stellen vertieft (die Bindung nach der Fermate und den Glissandostrich habe ich nach P. Schmidts Angaben eingefügt). Das Lied wird in ziemlich straffem, fast steifem Rhythmus gesungen. Der Takt auch hier zweifellos fünfteilig; nur einmal kommt ein 6. Viertel am Taktschluß hinzu, wo ein (unübersetzter) Ausruf im Text eingeschaltet scheint.

54.

55.

Gesang:

Kleine Trommel in G, große in E:

Brettchen:

(Brettchen wie vorher.)

56.

Gesang:

Kl. Trommel:

Gr. Trommel:

Händeklatschen:

Diese Beispiele sind dem Buche des Regierungslehrers J. Schönhärl in Lome „Volkskundliches aus Togo" 1909 entnommen. Sie stammen gleichfalls von den Anecho-Leuten. Schönhärl hat sie direkt nach dem Gehör aufgezeichnet. Seine Erläuterungen und die sorgfältige Beachtung rhythmischer Komplikationen zeigen ihn als einen guten Beobachter. Auf die Ausführung der Rhythmen mit den einheimischen Instrumenten hat er sich selbst eingeübt. Man darf also die Notierungen im allgemeinen für authentisch halten. Die Melodien sollen zum Teil alt sein, aber immer neue Texte erhalten. Die dritte Melodie allerdings wird als nur 15 Jahre alt bezeichnet und scheint entschieden europäischen Ursprungs. Sie ist hier nur wegen der rhythmischen Begleitung aufgenommen, die die Eingeborenen hinzugefügt haben. Schönhärl versichert, daß die meisten Ewelieder sich in zweiteiligen Rhythmus gliedern lassen; wie denn auch die 20 von ihm mitgeteilten zumeist im $^2/_4$ Takte geschrieben sind. Doch wurden auch Lieder, besonders während der Tanzpausen, ohne Trommelbegleitung gesungen, die sehr wechselvollen Rhythmus haben und sich in keinen Takt teilen lassen. Metronomzahlen sind nicht beigegeben worden, aber es ist erwähnt, daß die Tanzlieder durchweg in sehr heiterem schnellen, immer feuriger werdenden Tempo gesungen werden.

Im großen und ganzen lassen sich unsere Tonarten auch auf diese Lieder übertragen, ja einige (wozu auch ein auf S. 124 in eine Parabelerzählung eingefügtes) bestehen fast ausschließlich aus Dur-Dreiklangstönen, ähnlich vielen Indianerliedern. Aber es würde sich noch um die genauere Intonation handeln, und außerdem kommen doch fast überall Härten vor, die lehren, daß das Tonalitätsbewußtsein nicht ohne weiteres dem unsrigen gleichzusetzen ist.

Als Beispiel für diese Seite mag hier Nr. 54 dienen. Wir könnten es allenfalls in E-moll denken, ohne die (auch bei uns später eingeführte) Erhöhung der Septime. Aber schon dadurch und besonders durch den Schluß auf der Sekunde wirkt es für uns hart und befremdlich. Nach dem Verfasser schließen die Ewelieder vielfach in der Sekunde, Quarte oder Septime, wie uns Ähnliches auch bei den Indianern begegnet ist (bei diesen Intervallnamen ist freilich bereits irgendein Ton als Hauptton angenommen). Die hier nicht beigefügte Begleitung durch Schlaginstrumente ist noch einfach.

Dagegen zeigen Nr. 55 und 56 eine ausgesprochene Polyrhythmie der Begleitung. r. l. bedeuten die Anwendung der rechten und linken Hand. Die afrikanische Musik ist hervorragend durch rhythmische Polyphonie und darin zweifellos original gegenüber der europäischen, ja sie vielfach übertreffend. Die Ewe haben ein ganzes System von Trommeln verschiedenster Art, die sich auch in verschiedener Weise an der Gesangsbegleitung beteiligen. In bezug auf die Abstimmung der einzelnen Trommelklassen und den Rhythmus, in dem jede geschlagen wird, herrschen bestimmte Gesetze. Die Lieder werden immer von einem kleinen Trommelorchester, auch durch Schläge auf Holz- oder Metallbrettchen und durch Händeklatschen in mannigfaltigen Rhythmen begleitet.

Drei phonographisch beglaubigte Beispiele primitiver Mehrstimmigkeit aus Deutsch-Ostafrika. Das erste, nach Aufnahmen von Prof. Weule, gehört dem Stamme der Wanyamwezi aus der Bantu-Familie (Ph.-A. Nr. 19). Es ist ein Teil eines längeren Tanzliedes, in welchem Chor und Solo in ähnlicher Weise abwechseln. Die untere Stimme des Chors klingt aus der Walze erheblich stärker heraus, so daß die obere wie eine diskrete Begleitstimme erscheint und das Ganze für unsere Ohren genießbarer wird, als es aussieht. In Wirklichkeit könnten jedoch beide Stimmen gleich stark gewesen sein und nur die verschiedenen Entfernungen vom Aufnahmetrichter an der Stärkeverschiedenheit schuld sein. Weule erzählt in seinem Reisewerke, daß der Eindruck, wenn er die Leute aus einiger Ferne solche Weisen in der Dämmerung singen hörte, ein ganz angenehmer gewesen sei; er bezeichnet sich allerdings als einen Unmusikalischen. Aber auch andere Reisende rühmen den Wanyamwezi-Gesang als besonders eindrucksvoll. Der ganzen Struktur nach gehören Stücke wie dieses längst nicht mehr zu den eigentlich primitiven.

Auch in den übrigen von v. Hornbostel notierten Wanyamwezi-Gesängen geht mehrmals gegen den

Schluß die Einstimmigkeit in Quinten-, Quarten- und Oktavenparallelen über.

Bezüglich des Taktes ordnen sich die mit $^6/_4$ bezeichneten Takte nach der Anzahl der Viertel zwar ganz genau in diese Taktform (auch in anderen Aufnahmen, die von diesem Gesange vorliegen), aber die Akzentuierung macht den Eindruck, als begännen an den durch die kleinen Striche über dem Notensystem angegebenen Stellen neue Takte. Man würde in diesem Falle vor dem ersten $^6/_4$- zunächst einen $^7/_4$-Takt bekommen und umgekehrt vor dem Wiederbeginn des $^3/_2$-Taktes einen $^5/_4$-Takt. Stellt man sich die Einteilung so vor, so gewinnt man in der Tat, wie v. Hornbostel bemerkt, noch ein besseres Bild des wirklichen Vortrags; und wir wissen ja, daß Verlängerungen und Verkürzungen eines sonst festgehaltenen Taktschemas (also $^7/_4$ und $^5/_4$ bei sonst festgehaltenem $^6/_4$) keine ungewöhnlichen Vorkommnisse sind.

Nr. 58, als Hochzeitstanzlied bezeichnet, zeigt dieselben Eigentümlichkeiten. Es besteht aus einem immer wiederkehrenden Motiv von stets gleicher Länge. Im 2. Abschnitt des Soloteiles ist es zuerst melodisch modifiziert, lenkt aber in die nämliche Schlußformel ein. Im Chor setzt die untere Stimme die Weise fort, die obere begleitet sie im Quartenorganum.

Die Wanyamwezi haben einen Musikbogen, eine Harfe, Hörner, Glocken und wieder viele Trommelarten. Flöten scheinen selten. Zur Unterstützung des Rhythmus der Gesänge dienen nur Trommeln und gelegentlich der Musikbogen. Auch bei diesem Stamme werden den alten Melodien immer neue Texte angepaßt.

Ein Seitenstück bietet Nr. 59, phonographisch aufgenommen von Dr. Czekanowski (Ph.-A. Nr. 25). Es gehört dem benachbarten Stamme der Wasukuma an, der mit den Wanyamwezi auch sprachlich nahe Verwandtschaft zeigt. Aus dem längeren von v. Hornbostel notierten Stück ist hier der Anfang und Schluß (der aber nicht Schluß des ganzen Gesanges zu sein braucht, da die Walze zu Ende war) wiedergegeben. Hier handelt es sich wieder vorzugsweise um Quartenparallelen. Interessant ist es aber, wie doch immer mit der konsonanteren Quinte geschlossen wird.

Ich füge schließlich zur Vergleichung ein munteres Stücklein mit Quartengängen bei, das ich nebst anderen Stücken 1887 von einer Singhalesentruppe hörte, über deren Vorführungen ich eingehende Aufzeichnungen gemacht habe. Auch die Töne der Pauke waren die hier notierten, nur vielleicht eine Oktave tiefer. Bei den Quartengängen des Chors ist es auch hier die untere Stimme, die in der Tonhöhe des Vorsängers fortfährt. Das ist nun nicht mehr Musik reiner Naturvölker, aber immerhin eine niedrigstehende gegenüber der der benachbarten asiatischen Kulturnationen, wo sich dieselben Parallelgänge finden. Vielleicht sind auch die Quarten- und Quintenparallelen in Ostafrika nicht ohne historischen Zusammenhang mit diesen asiatischen.

So sind wir zum Anfangspunkte, Ceylon, zurückgekehrt und beschließen damit unsere musikalische Reise um die Erde.

Abbildungen primitiver Instrumente.
(Zu S. 35 ff. des Textes).

Wenige Proben sollen die Hauptgattungen und die Spielweise primitiver Instrumente illustrieren. Aus jeder Gattung sind rohere und entwickeltere Formen gewählt.

Abbildung 1. Knochenpfeifen aus Gräbern auf den Kalifornischen Inseln. Nach Th. Wilson, Prehistoric Art, Smithsonian Institution Report for 1896. Die Pfeifen sind nach dem Flageoletprinzip gebaut; gegenüber dem seitlichen Loch fanden sich im Inneren Überreste einer aus Gummi oder Asphalt bestehenden, bis zum offenen Ende reichenden Leiste, die den schmalen Spalt des Flageolets herstellte. Die Anblaseöffnung ist gut ausgearbeitet. Das zweite Exemplar ist eine Doppelpfeife. Am unteren Ende waren die beiden Teilpfeifen durch eine jetzt gesprungene Asphaltmasse zusammengehalten; außerdem waren sie mit Bast umwickelt. In anderen Gräbern derselben Inseln fanden sich auch Knochenflöten mit vier Löchern.

Abbildung 2. Ein Orchester von Panpfeifenbläsern auf den deutschen Salomon-Inseln. Nach A. B. Meyer und Parkinson, Album von Papua-Typen I. Das Bild gibt eine Vorstellung der verschiedenen Größen von Panpfeifen; und zwar sind es hier durchweg zweireihige. Unser Phonogrammarchiv besitzt auch Aufnahmen der mehrstimmigen Musikstücke, die von solchen Orchestern geblasen werden; sie klingen unserem Ohre höchst drollig. (Ph.-A. Nr. 30.)

Abbildung 3. Als Seitenstück dazu ein Kameruner Orchester mit Kürbistrompeten, dessen Produktionen uns von Herrn Dr. Ankermann, Direktor am Berliner Museum für Völkerkunde, dem ich auch das Bild verdanke, auf Walzen mitgebracht sind. Es ist die Musik des „Voma-Bundes", einer religiösen Brüderschaft der Bali in Nordwestkamerun.

Abbildung 4. Musikbogenspieler aus dem Waldgebiete des oberen Kongo, westlich vom Albert-See. Nach H. Johnston, The Uganda Protectorate, 1902. Die Saite wird an die Zähne (aber nicht mit den Zähnen) gehalten; mit der linken Hand wird sie verkürzt.

Abbildung 5. Basuto-Mädchen (Südafrika), auf einem Musikbogen spielend. Aus Henry Balfours Monographie „The Natural History of the Musical Bow" 1899, nach dem Original von F. Christol. An dem Holz ist hier ein Kürbisresonator befestigt (häufig ist das Band auch noch um die Saite geschlungen). Die eine Hand hält den Bogen und verkürzt zugleich die Saite, die andere schlägt die Saite mit einem Stäbchen.

Abbildung 6. Lyra in Kavirondo, nordwestlich vom Viktoria-See. Aus dem zu Abb. 4 erwähnten Werke von Johnston. Ein Schildkrötenpanzer, auf der Innenseite mit einem Fell überspannt, durch das die Saiten gehen, dient als Resonator.

Abbildung 7. Harfe der Pangwe (Fan) in Westafrika. Der Resonanzkasten ist ein ausgehöhltes Stück Holz mit einer kleinen seitlichen Öffnung. Das Bild ist mir von Herrn Dr. Tessmann, Direktor des Lübecker Museums, dessen Pangwe-Werk im Erscheinen begriffen ist, freundlichst überlassen.

Abbildung 8. Klanghölzer auf der Gazellen-Halbinsel in Neupommern. Nach Dr. H. Schnee, Bilder aus der Südsee, 1904.

Abbildung 9. Signaltrommel nebst Pauke, zum Tanze gespielt, Westafrika. Aus dem Katalog der Crossby-Brown Collection (Metropolitan Museum) in New-York.

Abbildung 10. Xylophon (Amadinda genannt) bei dem Bagunda-Stamme in Ostafrika, nach Johnston a. a. O. Zwei Personen spielen hier gleichzeitig auf demselben Instrument, die Klöppel ruhen auf den gleichen Tasten. An den Holzstäben sieht man die zur genaueren Abstimmung ausgekerbten Stellen. In anderen und wohl den meisten Fällen liegen die Auskerbungen auf der unteren Seite.

Abbildung 11. Xylophon (Marimba) der Yaunde in Kamerun. Aus B. Ankermann, Die afrikanischen Musikinstrumente (Ethnolog. Notizblatt, Bd. 3, Heft 1). Die zahlreichen Abbildungen und Beschreibungen in diesem Buche geben dem Leser, der sich näher zu unterrichten wünscht, am besten einen Begriff von der Mannigfaltigkeit der in Afrika vorkommenden Instrumente, namentlich wenn er die Anschauung der Exemplare, die jedes größere Museum für Völkerkunde in Fülle besitzt, damit verbindet.

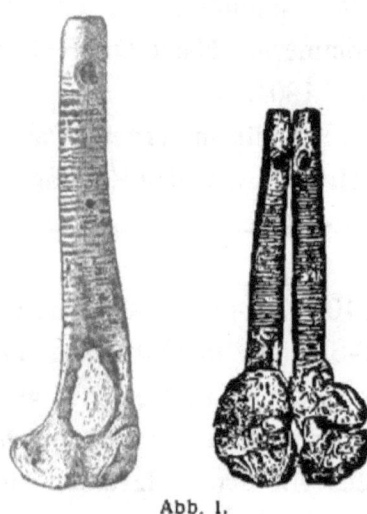

Abb. 1.

Abb. 2.

Abb. 3.

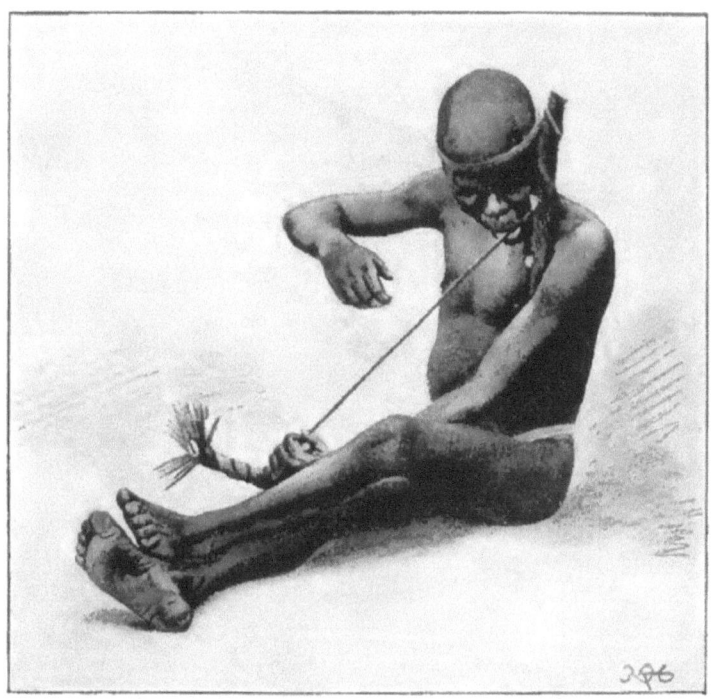

Abb. 4.

Abb. 5.

Abb. 6.

Abb. 7.

Abb. 8.

Abb. 9.

Abb. 10.

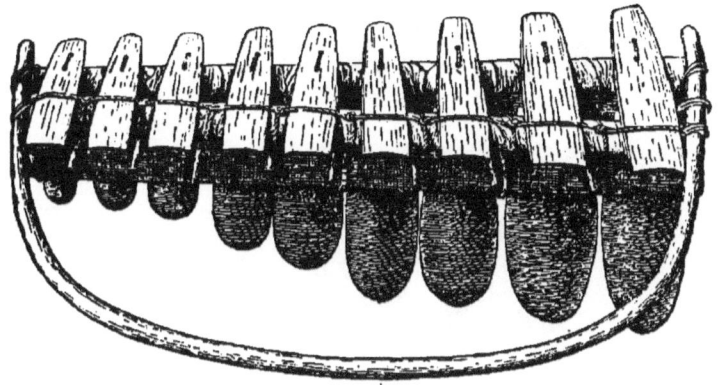

Abb. 11.

Verlag von Johann Ambrosius Barth in Leipzig

Philosophische Reden und Vorträge
von Carl Stumpf
Professor der Philosophie an der Universität Berlin

II und 262 Seiten. 1910. Broschiert M. 5.—, gebunden M. 5.80

Inhalt: Die Lust am Trauerspiel. — Leib und Seele. — Der Entwicklungsgedanke in der gegenwärtigen Philosophie. — Zur Methodik der Kinderpsychologie. — Die Wiedergeburt der Philosophie. — Vom ethischen Skeptizismus. — Die Anfänge der Musik.

Der Tag: Es ist sehr erfreulich, daß Stumpf sich entschlossen hat, seine bei verschiedenen, zumeist akademischen Gelegenheiten gehaltenen Vorträge philosophischen Inhalts nunmehr auch in einem Bande gesammelt herauszugeben. Denn wenn auch solche Vorträge naturgemäß nur in allgemeinen Zügen über den jeweils in Frage stehenden Gegenstand Aufklärung geben können, so hat es doch Stumpf stets in ungewöhnlicher Weise verstanden, im knappen Rahmen solcher Vorträge das Recht seines eigenen Standpunktes zu erweisen und diesen zum Mittelpunkt der ganzen Darlegung zu machen.... Stumpfs gesammelte philosophische Vorträge sind in ihrer gedanken- und ausblicksreichen Knappheit keine sehr leichte, aber für den, dem es um ein wirkliches Verständnis der behandelten Fragen zu tun ist, sehr fruchtbare und geradezu unentbehrliche Lektüre.

Zeitschrift für Philosophie: Darin besteht in erster Linie der große Reiz der Sammlung, daß sie es ermöglicht, einen geschlossenen Eindruck von der philosophischen Persönlichkeit Stumpfs zu gewinnen. Die Ausführungen erörtern möglichst allgemein gehaltene Themen von der Warte zusammenfassender Überschau aus. Letzte und höchste, in der philosophischen Besinnung immer wieder auftauchende Fragen werden in großen Strichen entwickelt und ihre Lösungsversuche al fresko angedeutet. Die Vorträge bieten eine Reihe meisterhaft gezeichneter Skizzen, die dem Fachmann eine gedrängte Übersicht und dem Studierenden eine großzügige und darum vortrefflich orientierende Einführung in den Geist der philosophischen Forschung, in die verschiedenen Probleme und in die Bemühungen um deren begriffliche Bewältigung gewähren.

Dresdner Anzeiger vom 4. 6. 1911: Er ist der geborene, wissenschaftliche Stilkünstler; eine Freude und ein Genuß, ihm in das Labyrinth schwieriger Gedanken zu folgen, wie er das Wichtige hervorhebt, anderes anklingen läßt, wieder anderes unterdrückt; ein besonderer Reiz, wie er, ohne im Inhaltlichen irgend etwas preiszugeben, seine Redeweise der jeweils gegebenen Situation anpaßt, zu den Kommilitonen anders spricht als zu koordinierten Arbeitsgenossen. Endlich ist er ein Meister objektiver Wiedergabe sowohl fremder Gedanken wie historischer Entwicklungen. Klassisch ist in der Philosophie nicht nur das — stets fragliche — Bleibende, sondern was einer letzterreichbaren Gesinnung unter bestimmten Denkvoraussetzungen einen bedeutenden und treffenden Ausdruck verleiht. Das tut dieses Buch, zu welchem man wie dem Verfasser so seinen Zeitgenossen aufrichtig Glück wünschen darf.

Verlag von Johann Ambrosius Barth in Leipzig

Beiträge zur Akustik und Musikwissenschaft.
Herausg. von Prof. Dr. Carl Stumpf. In zwanglosen Heften.

1. Heft: V, 108 S. 1898. M. 3.60.
Stumpf, Konsonanz und Dissonanz.

2. Heft: III, 170 S. 1898. M. 5.—.
C. Stumpf, Neueres über Tonverschmelzung. M. Meyer, Zur Theorie der Differenztöne und der Gehörsempfindungen überhaupt. M. Meyer, Über die Unterschiedsempfindlichkeit für Tonhöhen. C. Stumpf und M. Meyer, Maßbestimmungen über die Reinheit konsonanter Intervalle. C. Stumpf, Zum Einfluß der Klangfarbe auf die Analyse von Zusammenklängen.

3. Heft: IV, 147 und 11 S. mit 9 Tafeln. 1901. M. 6.50.
J. C. Filmore, Indianergesänge. P. von Janko, Über mehr als zwölfstufige gleichschwebende Temperaturen. O. Abraham und K. L. Schäfer, Über die maximale Geschwindigkeit von Tonfolgen. O. Abraham und K. L. Schäfer, Über das Abklingen von Tonempfindungen. Carl Stumpf, Beobachtungen über subjektive Töne und über Doppelthören. K.L. Schäfer, Die Bestimmungen der unteren Hörgrenze. O. Raif, Über die Fingerfertigkeit beim Klavierspiel. C. Stumpf, Tonsystem und Musik der Siamesen. C. Stumpf und K. L Schäfer, Tontabellen.

4. Heft: IV, 182 Seiten mit 3 Tafeln. 1909. M. 6.50.
C. Stumpf, Über das Erkennen von Intervallen und Akkorden bei sehr kurzer Dauer. L. William Stern, Der Tonvariator. K. L. Schäfer und Alfred Guttmann, Über die Unterschiedsempfindlichkeit für gleichzeitige Töne. C. Stumpf, Über zusammengesetzte Wellenformen. C. Stumpf, Differenztöne und Konsonanz. C. Stumpf, Akustische Versuche mit Pepito Arriola. Paul von Liebermann und Géza Révész, Über Orthosymphonie. W. Köhler, Akustische Untersuchungen. I.

5. Heft: VI, 167 Seiten. 1910. M. 5.—.
C. Stumpf, Beobachtungen über Kombinationstöne. Erich M. v. Hornbostel, Über vergleichende akustische und musikpsychologische Untersuchungen.

Handbuch der Akustik. Von Prof. Dr. F. Auerbach.
Gr.-8°. X und 714 Seiten. Mit 367 Abbildungen. 1909. Brosch. M. 25.—, geb. M. 27.—.

Naturwissenschaftliche Rundschau: Eine besondere Empfehlung dieses für jeden in der Physik oder auf benachbarten Gebieten Tätigen schlechthin unentbehrlichen Werkes ist angesichts der Namen der Mitarbeiter wohl nicht nötig. Die ungemein große Fülle der Tatsachen, die hier geordnet in knapper Übersicht, mit reichem Literaturverzeichnis zusammengestellt, sich vorfindet, wird das Werk mit seinen verläßlichen Angaben zu einem steten Helfer bei den Spezialarbeiten machen. Überaus lobend ist die schöne Ausstattung zu erwähnen.

Die Grundlagen der Musik. Von Prof. Dr. F. Auerbach.
VI, 209 Seiten mit 71 Abbildungen. 1911. Geb. M. 5.—.

Dieses Buch wendet sich an alle, die für Musik, sei es ein künstlerisches, sei es ein wissenschaftliches, sei es ein rein menschliches Interesse haben und es macht in keiner Weise besondere Ansprüche an die Vorbildung des Lesers. Es bildet zugleich Band 18 von Wissen und Können, Sammlung von Einzelschriften aus reiner und angewandter Wissenschaft, herausgegeben von Geheimrat Professor Dr. B. Weinstein, Charlottenburg.

www.ingramcontent.com/pod-product-compliance
Lightning Source LLC
Chambersburg PA
CBHW020859020526
44116CB00029B/773